# 思考力・判断力・表現力を育てる

## 中学校・高等学校

# タスク×言語活動

## 英語授業デザイン

筑波大学附属中学校 高杉達也

JN022017

明治図書

# はじめに

## 未来の世界を創造する生徒を育てるこれからの英語教育とは

「VUCA の時代」と呼ばれる現代において，未知の課題に取り組むために必要な資質・能力を育成することは喫緊の教育的課題の１つです。教室で学んだことが実社会での課題解決に繋がるような授業デザインが重視されています。世界的な対立や紛争も後を絶たず，海外の人々との良好な関係構築という点において，英語教育が担う役割は決して小さくはないでしょう。こうした時代の変遷に伴って改訂される学習指導要領においては，資質・能力の育成のための「言語活動の充実」がより強調されることになりました。日本の英語教育はこの先どのような道に進むべきなのでしょうか。

この問いに対峙した際に着目したのが「タスク」及び TBLT です。実際の世界でも起こり得るような自然な言語使用を促す活動に取り組むことで，教室外でも生かせる資質・能力を育てることができるのではないか，その活動を通して力を付けた生徒が将来，実社会における諸問題を解決することに繋がるのではないか，と筆者は考えたのです。また「タスク」には，生徒の目が輝くような活動をつくるヒントがたくさん隠れています。そういったタスクの要素を生かして試行錯誤しながら活動を考案し，中学校と高等学校の授業で試行してきました。

本書では，これまでに筆者が実践してきたタスク・言語活動とともに，その背景にある理論や先行研究を紹介します。意識したのは**理論と実践の往還**です。現職教員ならではの現場感覚を生かしつつも，理論を踏まえて活動を検討してきた筆者の思考の過程を追体験すると思ってお読みいただければ幸いです。「タスクって何だろう？」「TBLT の理論って難しいのかな…」と悩まれているような，理論などの背景知識を学びたい方にも有益かと思います。

タスク活動のアイデアがなかなか思い付かないという先生にもおすすめです。「言語活動」のアイデアを紹介する書籍は数多くありますが，タスクの

要素を生かした日本における活動例を掲載する書籍はあまり多くはないように思います。これからご自身でタスクや言語活動を考える際のヒントになるでしょう。なお，中高一貫教育校に勤務した筆者の経験を生かして，中学校の先生のみならず高等学校の先生にも，さらには小学校の先生にもお読みいただける本になるように意識しました。

　次に本書の構成を紹介します。CHAPTER 1 では，タスク及び TBLT の基礎知識と理論を説明するとともに，その周辺で論じられることが多い課題について紹介します。CHAPTER 2 では，日本の英語教育におけるタスクの位置付けや活用の可能性について，学習指導要領などを根拠に探ります。CHAPTER 3 では，タスク及び言語活動を実現するために普段の授業でどのような工夫が必要になるのかについて，筆者の実践例を踏まえて紹介します。続く CHAPTER 4 では，タスクの要素を生かした言語活動のアイデアを具体的に紹介します。最終章では，タスク及び言語活動で育成してきた資質・能力を生かすことができる場として，英語授業の枠を超えた実世界における活動の例を 4 つ紹介します。

　本書を執筆する過程でこれまでの実践を振り返り，ともに授業をつくり上げてきてくれた生徒たちの存在の偉大さを再認識しました。彼らの好奇心，情熱，そして課題に前向きに挑戦する姿勢は，私が教師として成長し続けるための原動力です。本書に載せた数多くの活動は，生徒一人ひとりの努力と挑戦の賜物であることを，読者の皆様にもご認識いただければ幸いです。

　最後に，この本がこれからの日本の英語教育のさらなる発展に寄与することを心から願っています。読者の皆様に，本書を通してタスクや言語活動への理解を深めていただき，生徒たちの英語学習がより実践的で意義深いものになることを期待しています。

　皆様にとって，本書が有益な 1 冊でありますように。


2024年 5 月

高杉　達也

# CONTENTS

## 1 CHAPTER

## 「タスク」とは？
## -TBLT の理論と基本的な考え方 -

## 2 CHAPTER

## 日本の英語教育で
## タスクの発想をどう生かす？

## 3
### CHAPTER

# タスク・言語活動を成功に導く
# 授業の組み立て方

CHAPTER

# タスクの要素を生かした
# 言語活動アイデア

CHAPTER

(5)

# 授業の枠を超えた
# 英語教育の可能性

# 1

## CHAPTER

# 「タスク」とは？

# -TBLT の理論と基本的な考え方 -

# これからの時代に必要な英語教育とは？

## 時代とともに変容する教育

　今，まさに時代は大きく変わろうとしています。Society 5.0，第四次産業革命，生成 AI の発達と活用，感染症の世界的大流行，地球環境問題…。こんなキーワードが飛び交う「予測困難で不確実，複雑で曖昧」な現代は，"VUCA"（Volatile, Uncertain, Complex, Ambiguous）な時代と呼ばれています。そしてこうした社会の変化に応じて，教育界にも大きな波が押し寄せています。21世紀型スキル，OECD Education 2030，アクティブ・ラーニング，ICT 教育，非認知能力といった教育に関連する新たな用語が短期間に出現するさなか，「主体的・対話的で深い学び」の実現を目指す学習指導要領に改訂されました。

　平成29・30・31年の学習指導要領改訂の基本的な方針は，中央教育審議会の答申「幼稚園，小学校，中学校，高等学校及び特別支援学校の学習指導要領等の改善及び必要な方策等について」（2016）に詳しいですが，上記のような時代の変遷の影響を強く受けているのは確かです。与えられたものを正確かつ同質にこなす力を育成するだけのこれまでの教育の時代は終わり，「コンテンツ・ベースからコンピテンシー・ベースの教育への転換」（白井，2020）が求められています。内容を学習者に教授して完結するのではなく，それを活用して問題や課題を解決できる力を育成することが教育に要請されているのです。

## タスクの発想を生かした英語教育の可能性

　では，英語教育においてはどのように授業を改善すれば良いのでしょうか。コンテンツ・ベースからコンピテンシー・ベースへと英語教育の舵を切るためには，文法や語彙などの知識をインプットするだけに留まらず，「高等学校学習指導要領解説外国語編　英語編」（文部科学省，2019b）に記載があるように，実際のコミュニケーションにおける活用を目指して，言語活動を通して資質・能力を育成できるように指導を工夫することが肝要です。この方向性は「何ができるようになるか」を明確にすべきこととしている現行の学習指導要領の方針と一致しているのはもちろんのこと，平成25年に文部科学省が示した「各中・高等学校の外国語教育における『CAN-DO リスト』の形での学習到達目標設定のための手引き」にある「～することができる」という能力記述文による目標の設定を求める方向性とも同じです。「実際のコミュニケーション」において「～することができる」力を英語授業において育成するためには，現実に起こり得るような場面や状況を踏まえた課題を授業内に設定する必要があります。

　そのような課題を検討する際に，「タスク」及び TBLT（Task-based language teaching）の発想を生かすことを提案するのが本書の目的です。日本のような EFL（English as a Foreign Language，外国語としての英語）環境では教室外で英語に触れる機会はめったにないことから，授業内に実際のコミュニケーションに近い場面や状況を設定することは学習上必須であり，**「タスク」が日本の英語教育に与える可能性を探ることが，これからの時代の英語教育を考える上では不可欠である**と考えています。

　「令和の日本型学校教育」（中央教育審議会，2021）ならぬ**「令和の日本型英語教育」**を目指して，タスクの発想を生かした授業をどのように実践していくのか，本書を通して理解を深めていただければ幸いです。

# 「タスク」とは何か？

## 「タスク」の定義

　皆さんは「タスク」という単語を見聞きして，何を思い浮かべるでしょうか。task の意味を英和辞典で引くと以下のような意味が載っています。（下線は著者による）

task:（<u>課せられたきつい［いやな］</u>）仕事，作業課題，務め
（『ライトハウス英和辞典　第 6 版』研究社，2012）

　「タスク＝課題」というイメージをもたれる方も多いかもしれませんが，このタスクという言葉が非常に曖昧かつ広義に扱われているため，特定の言語形式を反復するような練習（exercise）（Ellis, 2003）もタスクであると認識している先生も多いように見受けられます。

　しかし，TBLT におけるタスクの定義はもう少し狭義のものです。Ellis and Shintani（2014）は，タスクが満たすべき要件として以下の 4 つを挙げています。

　①「意味」に焦点が当たっていること

　②「ギャップ」があること

　③学習者が既習事項を活用すること（言語・非言語を問わない）

　④言語形式以外の「活動の成果」があること

　①は学習者が理解や表出をする際，言語形式ではなくメッセージの意味内容に焦点を当てて課題に取り組む必要があることを示しています。つまり，特定の言語材料や文構造に焦点を当ててその使用を促すような活動は，厳密にはタスクとは呼べないということです。前述した練習的要素が強い活動は

タスクではないことがわかります。

　②については，情報を伝えたり，意見や考えを交換したりする必要性を生み出すために，双方に何かしらの違いが生じるように課題の設定を工夫する必要があることを示しています。information-gap task や jigsaw task などの communication task との類似点が多く，意味のやり取り（negotiation of meaning）を生み出してコミュニケーションに必然性をもたせるという点では，タスクを発案する際に非常に参考になります。

　③の「既習事項」は「現有リソース」と呼ばれることもあります（松村，2017）が，タスクでは学習者に特定の言語形式を事前に教えることはしないので，これまでに学習者が学んできた既習事項を自由に用いて活動に取り組むことになります。これは①で前述した言語形式の制約がないこととも関連しています。現実世界での言語使用に言語形式の縛りがないことからわかるように，学習者が教室外で英語を使うことができる力を育成するためには不可欠な要素です。

　④では，タスクのゴールは特定の言語形式や文法事項を正確に理解したり表出したりできるようになることではなく，非言語的なゴール（松村，2012）であるということを定義の１つとして挙げています。例えば，後述の言語活動アイデア "Plan Your Original Charity Event" では，「チャリティーイベントの企画立案者として，多くの人に参加してもらえるようなオンライン広告をつくる」ことが成果です。

---

### タスクの種類と難易度

　タスクを成立させる条件を踏まえて，松村（2017）はタスクを以下の３つの観点で整理しています。

## (1)　表出型タスクと理解型タスク
　目標を達成するうえで，学習者が学習言語を用いて話したり書いたりしな

ければ成果が得られない種類のものを表出型タスクと呼びます。後述の言語活動アイデアの1つである"Weekend Plan"は，学習者は週末の希望のプランについて英語で伝え合ってお互いの意見や考えを交換し，ペアないしはグループでの最適解を導いてそれを他グループに発表する必要があるため，表出型タスクに分類されます。

一方の理解型タスクは，表出型タスクのようなアウトプットを求めないタスクであり，学習言語を聞いたり読んだりした上で，得た情報を比較したり順序付けたりして成果を得るタスクです。例えば，物語文を聞いて，それぞれの場面を描写した絵をその話の流れに沿って並び替える課題などが挙げられます。

## (2) ターゲットなしのタスクとターゲットありのタスク

ここでいうターゲットとは，学習者が使用する特定の言語形式のことを指します。前述の要件にあったように，タスクを成立させるためには，学習者に特定の言語形式の使用を促すことは避けなければなりません。ここでの「特定」とは，あくまで指導側がタスクを準備する上で，学習者の言語使用を想定または予想するということであって，事前にその言語形式や表現を明示するということではない点は留意しなくてはなりません。特定の言語形式や表現の使用を予想・期待して準備するタスクを focused task，そうでないタスクを unfocused task と呼びます。

## (3) 現実性の高いタスクと教育用タスク

タスクは，実生活型タスク（real-life tasks）と教室用タスク（pedagogic tasks）に分けることができます（松村，2012）。

実生活型タスクは，実際の世界でも起こり得るような，自然な言語使用が求められる日常的な場面や状況を反映したタスクです。例えば，「これから自分たちの学校に海外からやってくる ALT に，学校を紹介する動画をつくって送ろう」というタスクに取り組むとしたら，学習者は ALT にとってどのような情報が必要になるかを検討した上で，実際に自分たちが生活している場を説明することが求められます。彼らの実生活に強く結びついた内容と

なるとともに，実生活で取り組む可能性の高い作業にもなります。

　一方の教室用タスクは，現実的には行う可能性が低いような作業であっても，そこでの言語使用や認知的なプロセスが実世界でのそれに近いものであれば，タスクであると見なす考え方です（Ellis, 2003）。タスク例としてよく取り上げられる2つの絵の相違を発見する課題は，現実的にはあまり起こり得ないゲーム的要素が強い活動と思われるかもしれません。しかし，絵や写真の詳細な点について描写して相手に伝えたり，相手の説明を聞いて自分の手元にある絵と照らし合わせたりする作業に取り組むことが，現実的に起こり得る言語使用や認知プロセスの育成に寄与すると考えられるのなら，教育的に取り組む価値のあるタスクとして用います。

　上記の3つの観点にあわせて，加藤他（2020）は「ゴールの特性」という視点でタスクを整理しています。これは英語授業で発問を検討する際によく用いられる「閉じた」（closed），「開いた」（opened）と同じものであり，前者はあらかじめ正答が設定されている課題，後者は定まった正答がなく自由に結論を出すことができるタイプの課題です。

　これまでタスクの種類について説明してきました。タスクの難易度は用いるマテリアルやトピック，協働する人数などによっても調整は可能ですが，前述のタスクの種類ごとに整理すると以下の表のようになります。

| | 難　　　　　⇔　　　　　易 | |
|---|---|---|
| Modality | 表出型タスク | 理解型タスク |
| Focus on Form | unfocused | focused |
| Authenticity | real-life | pedagogic |
| Outcome | opened | closed |

タスクの種類ごとの難易度

# TSLT の発想を生かして
# タスクを授業に取り入れよう

## "TBLT" と "PPP"

　前項で紹介した「タスク」をカリキュラムやシラバスの中心に位置付けて，タスクに取り組むことを通じてコミュニケーション能力の育成を図る方法を Task-based language teaching（以下，TBLT）と呼びます（Ellis and Shintani, 2014; Ellis, 2003; 髙島, 2020）。日本で広く取り入れられている方法と異なる点としてよく言われるのが，文法指導のタイミングです。TBLT では，文法指導より先にタスク活動に取り組み，教えられる言語形式がタスク前に指定されることはありません（松村, 2012）。

　一方，日本の英語教育で一般的に用いられている，文法や語彙などを先に導入してから練習し，その後活用するという順序を追った方法を PPP（Presentation-Practice-Production）型の指導と呼びます（下図）。この指導順序は検定教科書を作成する際にも強く意識されており（CHAPTER 2-3 参照），現在用いられている多くの指導法がこれにならった手順で進められています。

| Presentation（提示） | Practice（練習） | Production（使用） |
| --- | --- | --- |
| 言語形式や意味内容が理解できるように，新出の文法や語彙を提示及び説明する。 | 提示された新出事項を正確に使用できるように繰り返し練習する。 | 自然な文脈を設定した活動で，練習した新出事項を活用する。 |

PPP 型の指導手順とそれぞれの内容
（Willis, 1996; 松村, 2017; 横山・大塚, 2013を参考に作成）

## PPP の課題

　日本の英語教育で広く採用されている PPP 型の指導法ですが，これまでにいくつか問題点が指摘されています。Willis（1996）は，PPP の行動主義的な繰り返しと練習を重視する指導法は，言語学習に関する限り効果が見込めないと指摘するとともに，言語材料を個別に扱うことで学習者の言語体験がかなり限られてしまうと述べています。また，髙島（2020）も同様の指摘をしているように，Production の段階で行うべき「自由な」言語活動が十分に実施されないことも問題点として挙げています。松村（2017）は，PPP 型の指導は CEFR（Common European Framework of Reference for Languages － ヨーロッパ言語共通参照枠）で重視しているコンピテンシー・ベースの教育（pp.10 － 11参照）などの現代的な教育との相性が悪いと指摘し，タスク・ベースの指導の優位性を主張しています。また，浦野（2014）は PPP を「冷たい」もの，そして「過保護」なものと形容し，その問題点を指摘しています。「冷たい」というのは，初出時に扱った文法事項を改めて明示的に指導することが滅多にないことを例えており，教わったことが一度に定着することがほとんどない言語学習においては理にかなっていないと指摘しています。もう１つの「過保護」については，前出の Willis（1996）や髙島（2020）と同様に，Production の段階における「自由な」言語活動が不十分であることを批判する比喩であり，言語形式の制限のある中でしか動けない不自由さを「過保護」と形容しています。

## タスクを使用する利点

　では，TBLT 及びタスクにはどのような利点があるのでしょうか。以下のようなものが考えられます。

① 　目的・場面・状況が明確なので，教室外の実際の英語使用場面に近い。

② 言語形式（form）と意味内容（meaning）だけでなく，言語使用（use）に焦点が当たる。
③ 学習者間の Interaction を促すことができる。
④ 学習者による自己選択・自己決定の余地があり，自身の意見や考えを踏まえた言語使用が可能になる。
⑤ 既習事項を自らの判断で想起して活用するという機会を得られる。
⑥ タスクの達成のために，主体的に学習に取り組むことができる。

　上記の利点のいくつかについては，本書の中でそれぞれ追って説明します。

## 日本でタスクを取り入れるために配慮しなければならない要因

　これだけの利点があるタスクですが，日本の英語教育に導入するためには，検討しなければならない点があります。まず，日本が EFL 環境であることを考慮しなくてはならず，これは言語を学ぶ上で見落とせない要素です。佐藤・笠原（2022）は，EFL 環境における明示的文法指導の重要性を主張しており，伝統的な PPP の課題を解消した改訂型 PPP を提案しています。もう 1 つ重要なのは，PPP 型の指導を想定してつくられた検定教科書を使わなければならないことです。日本の英語教育では実際，教科書が採用しているシラバスが，指導する際のシラバスに強い影響を与えています（CHAPTER 2-3 参照）。そのことを踏まえると，検定教科書を用いて TBLT のようにタスク・シラバスで包括的に授業を進めることは現実的ではないように思われます。同様の視点から，髙島（2005; 2020），松村（2012）などもタスクの導入法について検討しており，様々な授業展開を提案しています。

## TSLT の発想を生かした授業改善

　ここで注目したいのが，**Task-supported language teaching（以下，**

TSLT）の考え方です。これは，TBLT のようにタスクを指導の中心に据えて全体のシラバスやカリキュラムを構成するものではなく，すでに提示され練習された言語形式を自由に使用する場として「タスク」を取り入れる方法です（Ellis, 2003）。

| 宣言的知識の提示（制御された処理） | → | 焦点化したタスクを通じたコミュニカティヴな練習 | → | コミュニカティヴな言語使用（手続き的知識／自動処理） |
|---|---|---|---|---|

Task-supported language teaching（TSLT）の流れ（Ellis, 2003）

　上図にある宣言的知識とは，「○○ならば△△である」というような事実に関する知識で，英語教育でいえば文法や語彙のような言語化しやすい認知系の知識です。一方の手続き的知識は方法に関する知識で，例えば自転車の乗り方のような，繰り返し行ってきたことで無意識にできるようになった技術のことを表します（田村，2021）。

　この手順の第 2 段階における，「焦点化したタスク」とは前項で紹介したfocused task のことであり，特定の言語形式の使用を「期待」はするものの，「指示」はしない種類のタスクを指します。つまり，特定の言語形式に焦点を当てた機械的な練習とは異なるということです。特定の文法や語彙に焦点を当てた指導は第 1 段階で行うことになります。その後の第 3 段階では，より自由度の高いタスクに取り組むことで，現実性の高いコミュニカティヴな言語使用を促すことになります。

　ここまででわかるように，TSLT は日本の検定教科書を用いた指導との親和性が非常に高く，タスクを授業に取り入れる上での大きなヒントを私たちに与えてくれます。タスクは思考力・判断力・表現力などを育成する可能性を大いに秘めており，私たちの授業改善を促す推進力になるとともに，これからの日本の英語教育に求められる指導の在り方を追究していく上でも重要な役割を果たすでしょう。

# 04

# タスクにまつわる疑問や不安

　ここまで本書をお読みいただいた方の中には,「タスクが英語教育に有効であることや, タスクが何かということはわかったけれど…」と疑問や不安が残っている方も少なくないのではないでしょうか。その違和感は決して不思議なものではなく, これまでにも多くの研究者がそれらの疑問や不安を解消しようと試みています (Willis, 1996; 松村, 2017)。ここでは3つの疑問や不安を取り上げて検討します。

## タスクで本当に英語力が育成できるのか?

　まず一番大きな関心を寄せるのが, タスクが生徒の「英語力」の成長に本当に貢献するのかという疑問です。「英語力」とひと言でいっても, 文法や語彙などの言語形式に関わるものから, 表現力やコミュニケーションを成り立たせる方略まで, 幅広い要素で構成されています。応用言語学や第二言語習得論 (SLA) などの研究によると, タスクによる学習は英語力の育成に非常に効果が高いとされています (横山・大塚, 2013)。

　タスクの有効性を裏付ける考え方のひとつに, 暗示的知識及び手続き的知識の育成に有効であるという考えがあります。知識には「明示的」な側面と「暗示的」な側面があり (次ページ表), これらは前項 (p.19参照) で述べた宣言的知識と手続き的知識の関係と類似するものとして扱われることが多いです (浦野, 2021)。これまでの日本の英語教育では, 文法や語彙といった言語化できる明示的知識に焦点を当て過ぎた指導がなされており,「明示的知識を正確に再現できること」を英語力とする傾向があったことは否定でき

ません。しかし，英語を用いた実践的コミュニケーション能力や運用能力の育成が求められる現在においては，暗示的知識及び手続き的知識の育成は喫緊の課題です。このような力を育成する上で参考になるのが TBLT の考え方であると浦野（2021）は主張しています。

| 明示的知識 | 規則などの存在を意識して使用される説明的な知識 |
|---|---|
| 暗示的知識 | 規則などを意識せずに使用される直感的な知識 |

明示的知識と暗示的知識（浦野（2021）を参考に作成）

　もう 1 つ不安視されるのが「正確性」の問題です。「タスク」の定義（p.12参照）で示したように，言語形式に関する導入や解説が基本的に「後出し」なのがタスクの特徴です。そのためか，「この手順ではいつになっても正確な英語使用ができない」という声を聞くことがあります。

　しかし，タスク学習は言語形式を明示的に指導することを否定しているのではなく，それを事後にまわしているのが特徴です。生徒にまず課題に挑戦させ，その様子を教師はしっかり観察し，そこに現れた共通する誤りや大きな間違いを拾って，生徒に指導するという手順を取ります。応用言語学者の Long（1991）はこの方法を Focus on Form と呼んでいます。実際にタスクに取り組んだ後，生徒の中に「どのようにすればうまくいったのだろう」と課題意識が生じてから明示的な指導が与えられるので，生徒は「必要感」をもって事後の指導を受けることができます。生徒の主体性を引き出すのにも有効な指導手順です。

## タスクに取り組めるほどの英語力が学習者にあるのか？

　タスクまたは言語活動の実施をためらう理由の 1 つとして「うちの生徒にはまだできない」「英語力が足りなくて取り組めない」という生徒の英語力不足を挙げる先生は少なくありません。しかし松村（2012）は，英語の授業

第1日目にやってくる小学生や中学生であっても，タスクに取り組むことは「絶対にできる」と主張しています。タスクの定義を振り返れば，彼らの知っている外来語やカタカナ語は立派な「既習事項（現有リソース）」と考えられます。それらを活用しつつ，以下の2つのような工夫を取り入れてみてはいかがでしょうか。

　1つ目は「理解型タスク」の活用です。タスクと聞くと，生徒が何かを英語で話したり書いたりするような表出型タスク（pp.13-14参照）をイメージするかもしれません。小学生や中学生の初級段階の生徒にとってはハードルの高い活動になるでしょう。しかし，タスクには表出型だけでなく，聞いたり読んだりしたうえで情報を整理したり並べ替えたりするような理解型のタスクもあります。川村（2017）は，英語学習を始めて間もない小学生にとっては，インプットを与えることが重要であると主張しており，インプットの機会を多く提供するためにも，理解型タスクは有効であると述べています。理解型タスクの例として川村は "Simon says" を紹介しており，アメリカの心理学者アッシャーが提唱する「全身反応教授法」（Total Physical Response, TPR）の有用性について言及しています。

　2つ目は，Willis（1996）が著書の中で章ひとつ分を割いて説明している，入門期の学習者に向けたタスク学習における工夫の活用です。Willis も，学習の初級段階とはいえわからないことはゼロではないと主張しており，外来語を活用した「聞いて理解する」流れの理解型タスクの活用を提案しています。その上でまずは文法よりも単語やフレーズを教え，それらを活用してタスクに取り組めるように授業を計画することを示しています。また，学習者のエンゲージメントを高めるような雰囲気や人間関係づくりも重要であるとしています。教室英語や日常表現を教える重要性も主張していることから，**英語を話しやすい雰囲気をつくる上でも，「英語の授業を英語で」進めることはタスク学習成功のカギになるかもしれません。**

## 受験に対応できるのか？

　高校受験及び大学受験といった試験が，学習者の英語学習の大きな動機となっていることに疑う余地はありません。タスクや言語活動を授業に取り入れようとしない先生の多くは「これをやっても受験に対応できる力は育たない」という主張をされます。そういった教師の影響を受けて，学習者自身も不安を覚えてしまうような現状が見受けられます。しかし，最近の入試問題の中には，タスクの影響を受けたと考えられるものが数多く出題されているという主張もある（愛知県総合教育センター，2009）ことや，大学入学共通テストの問題が高等学校学習指導要領に準拠して出題されている（独立行政法人大学入試センター，2021）ことを鑑みると，タスク学習が受験における英語力を育成する上でも有効である可能性は否定できません（学習指導要領とタスクの関係についてはCHAPTER 2-1を参照）。

　Willis（1996）は「多くのテストで求められているような英語の知識と運用能力の両方を身につけさせることができる」と，タスクは受験対応にも有効であると主張しています。事例として，グループになって過去の試験問題を分析・検討させた後に，学習者に予想問題をつくらせる案を示しています。

　新しいことに取り組むときには，不安な気持ちが付きまとうものです。しかし，勇気をもってタスクの要素を授業に取り入れたら，生徒の様子がガラッと変わるのを目の当たりにして，そんなネガティブな感情は払拭されるに違いありません。

　本項に記した3つ以外に，タスク作成の方法，準備の仕方，評価，計画の立て方，検定教科書との兼ね合いなどについても疑問や不安をもっていらっしゃるかもしれません。これらについては，本書の中でそれぞれ解説していきますので，それぞれの項をご参照ください。

## 2

### CHAPTER

# 日本の英語教育で
# タスクの発想をどう生かす？

# 01

# 学習指導要領とタスク

　それぞれの教科等の目標や大まかな教育内容を定めている学習指導要領（文部科学省，2018a；2019a）。平成29・30・31年改訂学習指導要領では，「主体的・対話的で深い学びの実現に向けた授業改善」や，育成すべき資質・能力の三つの柱に合わせて３観点に整理された観点別学習状況の評価などの大きな変化がポイントとして示されました。そして外国語（英語）においては，４技能だったものが５領域に細分化され，「話すこと」が［やり取り］と［発表］に分かれたり，高等学校の科目が「英語コミュニケーション」と「論理・表現」に名称が変わったりしました。

　この学習指導要領（文部科学省，2018a；2019a）には，タスク（課題）について言及している箇所があります。実は，中学校，高等学校における「英語コミュニケーション」と「論理・表現」において同じ文言が使われています（下線は筆者，※は高校のみ）。

　　具体的な課題等を設定し，コミュニケーションを行う目的や場面，状況などに応じて，情報を整理しながら考えなどを形成し，これらを論理的に（適切な英語で※）表現することを通して，次の事項を身に付けることができるよう指導する。

　上記の事項は「２　内容〔思考力，判断力，表現力等〕（２）情報を整理しながら考えなどを形成し，英語で表現したり，伝え合ったりすることに関する事項」に記載されています。中学校，高等学校問わず，具体的な課題等を通して思考力，判断力，表現力等を育成することが求められているのがわか

ります。

　さらに，今回の改訂の方向性を検討し報告した中央教育審議会の答申では，思考力，判断力，表現力等を「未知の状況にも対応できる」（中央教育審議会，2016）力であるとしています。前述のとおり（CHAPTER 1），これからの VUCA の状況を生きていくためには，学んだり練習したりして得た知識・技能を正確に再現できる力だけではなく，**目の前の状況に応じて，課題を解決するために知識・技能を活用することができる力が不可欠で，それが思考力，判断力，表現力等**なのです。

　上記のことをまとめると，学習指導要領は，

　・コミュニケーションの目的・場面・状況が具体的な課題
　・未知の状況にも対応できる力を育成できるような課題

の設定を求めており，これらに取り組むことで，思考力，判断力，表現力等を育成するという方針を示しています。また，学習指導要領解説（文部科学省，2018b; 2019b）は，「『思考力，判断力，表現力等』の育成のためには，外国語を実際に使用することが不可欠である」としており，使うことを通して学んでいく "Learning by Doing" が実現できる課題設定の工夫が必要です。

　これらの学習指導要領における「課題」は，TBLT におけるタスクの定義とも非常に親和性が高いことがわかると思います。ここからは CHAPTER 1 の「『タスク』の定義」を踏まえて，学習指導要領における「課題」との関連性を検討していきます。

## コミュニケーションの目的・場面・状況が具体的な課題

　まず，「コミュニケーションの目的・場面・状況」とは何でしょうか。我々は通常，何かしらの目的をもって言語を使用します。例えば，「自分の意見や考えを相手に伝える」ことや「映画館のパンフレットを読んで，見たい映画の上映時間を把握する」ことなどです。そしてこれらの目的にはほと

んどの場合，特定の場面や状況が付随します。自分の意見を伝える場所が家庭なのか面接試験なのか，コミュニケーションの場面によって使用する言葉は異なるでしょう。また，一緒に映画に行こうとしている人が不機嫌なのか，時間があるから余裕があるのか，といった状況が違っていてもコミュニケーションの取り方は異なるかもしれません。これらを具体的に設定して，活動に取り組むことが大切です。

　そして目的・場面・状況が具体的だと，タスクのゴール・目標が言語形式以外になることが多いです。現実的に起こり得るコミュニケーションの目的が言語材料の学習であることは考えられにくく，言語形式以外の成果（p.12参照）を設定することが必要であることが考えられます。また，現実のコミュニケーションでは双方の情報にギャップがあるのが自然で，その差が課題の中にあることがより自然なコミュニケーションを生み出すきっかけとなります（p.13参照）。

## 未知の状況にも対応できる力を育成できるような課題

　現実世界の課題に取り組む際に，取り扱うべき言語材料が指定されていることはありえません。未知の状況に対応するためには，これまでに習得してきた知識や技能を，自身の判断で適切に選択していくことが求められます。この経験が積めるような課題を授業内に意図的に設定することが重要です。

　既習事項の活用はタスクの定義においても示されており（p.12参照），教室及び学校外でも生きる思考力，判断力，表現力等を育成するためには，教室での課題においても，目的・場面・状況に応じて既習事項を取捨選択して使う経験を積めるようにしなくてはなりません。

　また，こうした状況を教室内に実現するためには，言語形式に焦点を当てて繰り返し口頭練習するような活動が課題の中心に設定される可能性は極めて低く，課題の中ではあくまで内容に焦点を当てた活動が主になるのが自然です。

## 02

# 「言語活動」とタスク

---

### 「言語活動」とは？

　学習指導要領には「言語活動」という言葉が使われていますが，みなさんはどのような活動をイメージするでしょうか。授業内には様々な活動が設定されますが，しっかり理解した上で「言語活動」を意図的に取り入れている先生はそう多くないように思われます。中学校学習指導要領（文部科学省，2018a）には「実際に英語を使用して互いの考えや気持ちを伝え合うなどの言語活動」という記述があり，事実ではなく自身の考えや気持ちを伝えあうような活動を言語活動として扱っています。また，「小学校外国語活動・外国語研修ガイドブック」（文部科学省，2017）では，

> 言語活動は，言語材料について理解したり練習したりするための指導と区別されている。実際に英語を使用して互いの考えや気持ちを伝え合うという言語活動の中では，情報を整理しながら考えなどを形成するといった「思考力，判断力，表現力等」が活用されると同時に，英語に関する「知識及び技能」が活用される。

と言語活動の定義を明確に示していて，情報整理や考えの形成などの思考を深める過程を含むような活動を「言語活動」としています。思考力，判断力，表現力等の育成と強い関連があることについても言及していることから，前項でも述べたような"Learning by Doing"を目指した活動であることもわかります。また，言語材料に焦点を当てた活動とは区別して言語活動を扱っ

ていることもわかります。Ellis（2003）も，言語材料を明示的に繰り返し練習するような活動を練習（exercise）と呼び，タスクとは性質の異なるものとして位置付けています。

　タスクが思考力，判断力，表現力等の育成への大きな可能性を秘めていることを前項で述べましたが，言語活動と練習及び思考力，判断力，表現力等の関係性を鑑みると，言語活動とタスクは同じ方向を目指すものであるということが示唆されます。つまり，日本の英語教育においてタスクの発想を生かすことは，学習指導要領の目標を達成する上で理にかなっており，かつ極めて有効である可能性が高いことが考えられます。

---

## タスクを活用して3要素のバランスが良い授業に

---

　日本の英語教育は依然として，文法や語彙といった言語形式に重点が置かれ，言語活動が十分に行われていないという指摘があります（文部科学省，2018b）。言語を構成する要素には言語形式（form），意味内容（meaning），言語使用（use）または言語機能（function）の3つがあり，それぞれを学ぶことが言語習得には不可欠だとされています。この3つの要素における「意味内容」とは単語や一文単位での「意味」という狭い範囲から，伝えたいメッセージや話している題材などの「内容」という広い範囲までを網羅していることに注意が必要です。また「言語使用（機能）」は，言語を使用する目的や場面，状況といった文脈（コンテクスト）に応じて選択することを指しています。

　日本の現状を踏まえると，**これからの英語教育では，意味内容と言語機能をより意識した指導を充実させていくこと**が求められます。この問題を解決するために，言語活動を通して学ぶことが推進されるようになりました。そこで生かせるのがタスクの発想です。タスクでは，他者との関わりの中で意味・内容のある情報を交わし，場面や課題を踏まえて適切な言語形式を自ら選択するプロセスを経験することから，形式・意味・機能の3要素の結びつきを強くする効果があると考えられています（和泉，2016）。言語活動を設

定する際にはこの発想を生かし，コミュニケーションの目的や場面，状況を具体的に定め，聞いたり読んだりして得た情報や自分の意見や考えを伝えられるように活動を工夫します。そうすることで，3要素のバランスが良い授業を実践できるようになります。

　和泉（2016）は，言語形式だけの英語を「死んだ英語」と表現しており，それを「生きた英語」に変えるためには意味内容と言語機能が必須であると主張しています。髙島（2005）も，日本のようなEFL環境では文法説明は不可欠であるとするものの，「具体的な場面を意識した言語使用（use）が伴わなければ，知識を理解したとしても，言語使用には繋がらないのである」と述べており，また「言語活動は『静的』な知識を『動的』にするためのもの」であると強調し，文法などの言語形式に関する指導を大切にするとともに，場面を意識した具体的な活動が必要であると主張しています。

　一方で，練習（exercise）をすべて排除できるかというとそうではないことに注意しなくてはなりません。先述の髙島（2005）の主張にもあるように，日本がEFL環境であることを鑑みると，教室外での英語のインプットが不十分であることから，文法や語彙の明示的な指導はある程度は必要だと思われます。問題はその方法であって，解説を教師から一方的に教授するようないわゆる「講義形式」の指導は避けたいものです。学習指導要領（文部科学省，2018a; 2019a）でも「文法はコミュニケーションを支えるものであることを踏まえ…繰り返し使用することで当該文法事項の規則性や構造などについて気付きを促したりするなど，言語活動と効果的に関連付けて指導すること」と明記しています。言語形式に偏ることのないように留意しながら，その練習や指導の先にあるタスクで活用できる知識・技能を育成する工夫が重要です。

　TBLTにおいては，意味に重点が置かれすぎるという問題を克服するために，Focus on Formと呼ばれる言語教育方法を用いて，言語形式にも意識を向ける工夫を取り入れることが多いです。これについての詳細は和泉（2016）や横山・大塚（2013）をご参照ください。

# 03

# 検定教科書とタスク

## 学習指導要領と検定教科書

　日本の小・中・高等学校では，文部科学省の検定を通ったいわゆる「検定教科書」を使用しなければならないと定められています（学校教育法第34条）。日々，授業を計画・実施している私たち教員にとってはなくてはならない教材です。検定教科書は学習指導要領をもとに作成されており（小串，2011），その改訂に合わせて教科書もつくり替えられます。

　今回の学習指導要領改訂にともなう検定教科書の改訂は非常に影響の大きいもので，現場の英語教師に強いインパクトを与えました。目立つところでは，取り扱う単語数が大幅に増加したこと，パッセージの分量の増加，GIGA スクール構想の実施にともなうデジタル教科書や QR コードの導入などがしばし取り上げられ，「今の教科書は難しくなった」という声をよく耳にします。その一方で，現行の学習指導要領でこれまで以上に強調されることになった「言語活動」や「具体的な課題」といったキーワードも今回の教科書改訂には反映されており，目的・場面・状況を明記した具体的な課題がより多く教科書に掲載されるようになりました。この変化は，タスクを授業に取り入れようとする点では追い風です。

## 「教科書の構造」という壁を乗り越えて

　しかし，教科書を使って授業を進めながらタスクを取り入れていくという点ではいまだ問題があります。それは教科書の構造に起因します。英語の検

定教科書のつくられ方について菅（2020）は，小学校の教科書は場面シラバスを中心に，中学校の教科書は文法シラバスを中心に作成されていると，自身が検定教科書を作成してきた経験を踏まえて述べています。高等学校の教科書が何にもとづいて作成されているかを明記する著述は見当たりませんが，特定の文法や言語形式がレッスンやユニットごとに明示的に割り当てられている現状を踏まえると，文法・構造シラバスに強い影響を受けている可能性が推測されます。小串（2011）は教科書の様々な役割について言及していく中で，「シラバスとしての教科書」という側面を取り上げています。教科書に沿って教えるということは，教師はその教科書が（明示的であれ暗示的であれ）採用しているシラバスに従って指導することになるというのです。

　つまり，検定教科書を用いて指導していると，文法シラバスに寄った授業になってしまう可能性が排除できないのです。いくらタスクの要素が意識されて編集され直したとはいえ，文法や言語形式を明示的に練習した後に，それを活用して発表活動に取り組むという PPP（Presentation-Practice-Production）の指導手順を想定して構成された教科書を使う以上は，TBLTを定義通りに実施することはかなり難しいと考えられます。

---

## 教科書で「知識・技能」，タスクで「思考・判断・表現」を

　そこで前述した TSLT（Task-Supported Language Teaching）の考え方を生かし，PPP とタスクの融合を図ります。PPP のステージで教科書を用いた「知識・技能」を育成し，タスクを用いる段階で「思考・判断・表現」を育成するという展開です。現行の中学校・高等学校の検定教科書には，複数の単元を終えた後に技能統合型の課題が設定されていることが多いですが，まさにこの流れと同じような発想です。

　生徒にとって教科書で扱う内容や言語材料は上質のインプットになります。何度も繰り返し音読したり口頭練習したりすることを通じて，学んだことを定着させようとしますが，気をつけなければならないのは，**文法を一度目の**

**出会いで「完璧」に定着させようとしないこと**です。言葉は様々な場面で繰り返し触れることで定着していくものです。教科書で導入するのはあくまで学習事項の「紹介」であって，その後に複数回にわたって既習事項に出会えるように，言語活動の設定を工夫します。

　教科書を扱って授業を進めると，どうしても言語形式に焦点が当たってしまうので，観点別学習状況の評価における3観点のうちの知識・技能に重きが置かれてしまいがちです。それを避けるために，単元末にタスクを設定し，使用する言語形式の制限がない言語活動を通して，思考力，判断力，表現力等の育成を図ります。ここで設定するタスクの題材は，できるだけ教科書で扱った内容に関連するように意識しています。「内容」に繋がりをもつことで，教科書を用いたPPPのステージとタスクの繋がりをスムーズかつ自然なものにできるからです。

　内容に繋がりができると必然的に，生徒は題材に関する知識や表現・語彙について教科書を通して学べるので，タスクを英語で遂行する上での言語面のハードルを下げることができます。タスクを実施する意義の1つである「既習事項の活用」の実現にも繋がりますし，生徒が教科書を軽視せずに丁寧に扱おうとする姿勢を育むことにも寄与します。さらには，教科書で学んだ表現や語彙を，目的・場面・状況に合わせて選択して使う機会を設けることができ，言語学習の一面であるuseの育成にも寄与するでしょう。

　残念ながら，現行の検定教科書や教材にはタスク・シラバスに沿ってつくられているものがほとんどない（松村, 2012）ことから，授業にタスクを取り入れるためには，文法・構造シラバスに強い影響を受けてつくられた検定教科書を活用しつつ，そこで学んだことをタスクで生かせるような指導手順の工夫が必要です。どのような工夫のポイントがあるか，次章で紹介します。

# 04

# 「思考ツール」の活用

下の図をご覧ください。皆さんは真ん中の四角に何を入れますか。

| Input | ➡ | | ➡ | Output |
|---|---|---|---|---|

　もちろん "Intake" という答えもあるかもしれません。他の選択肢はないでしょうか。もしこの空白の部分が「丸暗記」だとしたらどうでしょうか。「学んだことを正確にそのまま出力する」という学習プロセスになるでしょう。しかし前述の通り（p.10参照），時代の変化とともに教育のあるべき姿は変化しており，丸暗記型の学習では立ち行かない社会になってきました。

　「学んだことをそのまま出力する」という過程ではなく，学んだことをもとに，それを分析したり価値付けたりするような「思考」の成果を表現することが重要です。学習指導要領で「思考力，判断力，表現力等」の育成が謳われているのはこのためです。

## 「思考」とは？

　ところで「思考」とは何でしょうか。これを考えるために「ブルームの教育目標の分類学」を改訂した Anderson and Krathwohl（2001）の分類を紹介します（次ページ表）。

　この分類では，思考の認知プロセスを6つに分けています。1から3を「低次思考力（lower-order thinking skills: LOTS）」，4から6を「高次思考

力（higher-order thinking skills: HOTS）」と呼び，1から6に進むにつれて高次の思考になるとされています。

| 類型 | 内容 |
|---|---|
| 1．記憶する<br>remember | 長期記憶から必要な事項を取り出すこと |
| 2．理解する<br>understand | メッセージから意味を構成すること |
| 3．応用する<br>apply | 与えられた状況で課題を遂行する，もしくはある手法を用いること |
| 4．分析する<br>analyze | ある対象を構成要素に分解し，その部分が相互にどのように関連しているか，そして全体にどのように関係しているかを特定すること |
| 5．評価する<br>evaluate | 規準にもとづいて判断すること |
| 6．創造する<br>create | 要素を組み合わせて，首尾一貫した全体構成をつくり上げたり，新しい構成へとつくり変えたりすること |

ブルームの分類（Anderson and Krathwohl（2001）を参考に作成）

## 「思考スキル」と「思考ツール」

　6つに分類された思考のうち HOTS に当てはまる4から6の類型には，「順位付ける」「比較する」といった考えるための技法（スキル）が内包されています。田村・黒上（2013）はこれらの技法を「思考スキル」と呼びました。また，それらを習得し活用するために使用する図形の枠組みを「思考ツ

ール」と名付けています（関西大学初等部，2014）。

　生徒をより深い思考に促すためには，思考ツールの活用は必須です。なぜなら，思考ツールの枠組みの中に考えたことや思ったこと，学んだことを書き込んでいくことで，思考のプロセスが可視化され，自分の思考の過程が把握できるようになるからです。p.38の図で紹介しているいくつかの思考ツールのように，それぞれのツールは「比較する」「アイデアを広げる」といった思考スキルの活用をねらいとして掲げています。思考ツールを活用することで，「学んだことをそのまま出力する」という学習プロセスを，【Input → 思考 → Output】という学習過程に変えることができるのです。

---

## タスクと思考ツール

---

　タスク学習には成果物が付きものです。上記のプロセスでいう Output が成果物に当たります。タスクの成果物は丸暗記したものをそのまま出力するといった性質のものではありません。理解型タスクであれ表出型タスクであれ，学習者自身の思考がともなわないと成果物は生み出せません。その点において，思考ツールがタスク学習に貢献する可能性は非常に高いと考えられます。

　Willis（1996）が付録Aとして掲載している「タスクのタイプ」は，あるトピックに対してどのようなタスクが実現可能かを考える上での参考になる資料です。その中で示されている「活動のタイプ」がまさに思考スキルと一致しています。例えば，「並べ替えと整理」というタイプのタスクには，活動のタイプとして「配列」「順位づけ」「整理」「分類」が示されています。取り組みたいタスクにどのような思考ツールが対応するかを考える上でのヒントとなるでしょう。

| | |
|---|---|
| | ベン図<br>複数のものを比較し，相違点と共通点を明らかにする。 |
| | マッピング（ウェビングマップ）<br>中心においたキーワードから連想する語を書いて，思考やアイデアを広げる。 |
| | くま手チャート<br>ある題材について，多面的に見ることを助ける。左にトピックを，右にそれを構成する要素をそれぞれ書く。 |
| | KWL チャート<br>what I Know（知っていること），what I Want to know（知りたいこと），what I Learned（学んだこと）を分けて記すことで，学習を見通したり過程を把握したりする。 |
| | PMI チャート<br>Plus（良い点），Minus（問題点），Interest（関心のある点）に分けて，ものごとを多面的に見て評価することを助ける。 |

思考ツール例

# ICT の活用

GIGA スクール構想により 1 人 1 台端末環境が整備され，教室内での学習の様子が大きく変わりました。授業中，生徒の机上にタブレット端末などが置かれている風景が日常になってきています。ICT 機器の整備は生徒・教師の双方に大きな利益をもたらしました（下表）。

| 生徒 | 教師 |
|---|---|
| ■ 音声や動画を活用して学習することができる。<br>■ 多様な方法（映像，音声など）で成果を発表することができる。<br>■ 容易に調べ学習ができる。<br>■ クラウド上で作業することで，協働学習が実現しやすくなる。<br>■ 成果物を集積できるので，振り返りをしやすくなる。 | ■ 音声や動画などの教材を容易に提示することができる。<br>■ 効率的に教材を作成することができる。<br>■ 教材や課題をオンラインでやり取りすることができる。<br>■ ビデオ通話などを用いることで，外部との交流が容易になる。 |

ICT 機器を利用することで得られるメリット

英語科に関していえば，デジタル教科書の利用が推進されていることもあり，他教科と比較すると ICT 機器の稼働率は高い方かもしれません。もちろんタスク学習を進める上でも ICT 機器は非常に有益です。ここでは筆者

の活用法の一部を紹介します。

## ロイロノート・スクール

課題の配布や回収，提出された作品の投影などに使っています。成果物を図のように画面上で共有することができるので，「オンライン発表会」を開くこともできます。あわせて，思考ツールの枠組みやアンケート機能が備わっているので，教師だけでなく生徒

が主体的に用いることが多いプラットフォームです。

## Microsoft Teams

文書作成や表計算，プレゼンテーションソフトといった基本的な機能が1つのプラットフォームにまとめられています。それぞれのファイルをクラウド上で共有することができるので，

オンラインで同時に共同編集するといった協働を実現することが可能です。画像は，「先生からのメールに，自分の意見を書いて返信しよう」というタスクをタイムライン上で実施し，それぞれの返信メールをオンラインで共有している画面です。

## Flip

Flip は，学習者が撮影した動画をアップロードし，動画を共有したりそれに対してコメントしたりすることができるソーシャルコミュニケーションアプリです。右図は，単元末のスピーチを各自で動画に撮って投稿したものを，Flip 上で共有している画面です。

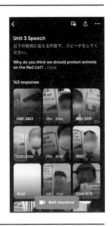

互いの成果物を見て学び合うことができるだけでなく，授業時間が限られている中でも全員に発表の機会を与えることができるようになります。

## Padlet

Padlet はウェブ上で使える教育用オンライン掲示板アプリです。生徒が成果物を掲示板上に投稿して，シェアしたりコメントしたりすることができます。見た目が SNS に似ているので，「お気に入りの〇〇について，SNS に投稿しよう」といったタスクに用いることができます。

## 生成 AI

教材やタスク・マテリアルをつくる際に，ChatGPT や Microsoft Copilot，Gemini（旧 Google Bard）といった生成 AI を活用することがあります。AI Picasso や DALL-E 3 などの画像生成 AI も非常に便利です。タスクで用いるマテリアルはできるだけ authentic なものが良いとされていますが，生徒の習熟度とかけ離れてしまっているときには，生成 AI の力を借りて英文を易しく書き換えることがあります。学習者自身が生成 AI を用いて遂行するようなタスクを設定することもできるでしょう。

# タスクと評価

　通常，学校教育においては，学習指導を経た先に学習評価がともないます。タスクの要素を生かした英語指導を行う場合，その先にある評価はどのように行えば良いのでしょうか。ここでは，① Why?（なぜタスク・ベースの評価なのか），② How?（どのように評価するのか），③ What?（何を評価するのか）の３つに分けて考えていきます。

## ① Why? ～なぜタスク・ベースの評価なのか～

　「指導と評価の一体化」の必要性が説かれるようになって久しいです。伊東（2021）は，指導と評価の一体化を「学習評価により，児童生徒の学習の成果を的確に捉えるとともに，評価の結果を教師が次の指導の改善に生かすこと」と定義しています。学習の成果を的確に捉えるには，学習方法に沿った形で評価することが肝要です。つまり，授業にタスクの要素を取り入れるのであれば，評価活動を行う際にも「タスク」を意識して方法を検討しなくてはならないことになります。指導がタスク・ベースなのであれば，評価もタスク・ベースになるのです。

　松村（2012）は，タスクを用いた授業展開における評価を検討する中で，「タスク利用型言語テスト」（task-based language assessment: TBLA）について言及しています。松村はそこで「TBLA はパフォーマンス・テスト」であるとし，「何を知っているか」ではなく「何ができるか」を評価するものであると説明しています。これは，「何ができるようになるか」を重視する学習指導要領の方向性（中央教育審議会，2016）と一致しており，評価の

点においてもタスクの要素を用いることが有効であることがわかります。

---

## ② How? ～どのように評価するのか～

---

　では，タスク・ベースの評価はどのように行えば良いのでしょうか。前述の通り，タスク学習は観点別学習状況の評価における「思考・判断・表現」との関連が非常に強いです。よって，タスク・ベースの評価で見取る主な観点は「思考・判断・表現」です。国立教育政策研究所（2020）によると，「思考・判断・表現」の評価は，「ペーパーテストのみならず，論述やレポートの作成，発表，グループでの話合い，作品の制作や表現等の多様な活動を取り入れたり，それらを集めたポートフォリオを活用したりする」など，方法を工夫する必要があります。TBLA がパフォーマンス・テストであるということからも，筆記試験だけの方法ではタスク・ベースの評価は成り立たないことがわかります。

| タスクの種類 | 評価できる技能 | 評価方法 |
|---|---|---|
| 表出型 | 話すこと／書くこと | パフォーマンス／筆記 |
| 理解型 | 聞くこと／読むこと | 筆記 |

タスクの種類とそれに対応する評価方法

　一方で，日本の英語教育の現状を踏まえると，定期考査による総括的評価を評価方法から外すことは難しいでしょう。松村（2012）は，読解作業を含む理解型のタスクであれば，筆記形式でも評価することは可能であるとしています。上表のようにタスクの種類や評価したい技能に応じて，評価方法を選択することが求められます。

　また「思考力，判断力，表現力等」が，未知の状況にも対応できる力であることを踏まえると，授業内で扱ったことのある教材をそのまま用いてテストすることは考えにくいです。未読及び初見の英文を用いて評価することが

求められているのはこういった理由からです（国立教育政策研究所，2021）。

　あわせて重要なのは，「指導していないことを評価しない」という視点です。当たり前のようですが，パフォーマンス・テストの導入が推進され評価方法の1つとして定着しつつある中，評価だけが先行してしまって指導が追い付いていない状況が起こっていると耳にしたことがあります。タスクは「何ができるか」という形で見取ることができるコンピテンシーを育てるものです。CAN-DO リストとタスク・ベースの評価の相性が良いのもこの理由からです。

---

## ③ What? ～何を評価するのか～

---

　「思考・判断・表現」で評価するのは，特定の言語形式や語彙を正確に使うことができる力ではなく，具体的な課題を遂行することができる力です。この考え方は，タスクが遂行できたかを評価する TBLA の考え方と同じ方向性です。つまり，「何を評価するのか」に対する答えは「三人称単数現在形」や「関係代名詞」といった文法項目ではなく，「～できる」といった能力記述文（CAN-DO ディスクリプタ）であることが望ましいです。

　ここで1つ課題になるのは，正確性は all or nothing ではっきり評価できてしまうことが多いのに対し，「～できる」ことの評価では，評価基準の段階が多層的になってしまうことです。ここで力を貸してくれるのが「ルーブリック」です。ルーブリックとは，学習目標の達成度を判断するために評価の観点を段階別に言語化した評価尺度で，パフォーマンスを評価するのに適した評価ツールです（関西大学，2016）。

　次の表は，筆者が定期考査で「書くこと」のパフォーマンス・テストを実施した際に用いたルーブリックです。生徒はここに至るまでに，メール文を読んでその内容に応じるための表現を学び，それに対して自分の意見を書くというタスクに取り組んできました。定期考査では新たなメール文を読み，それに対して返信をするという「思考・判断・表現」の問題を出題しました。

| | 配点 | |
|---|---|---|
| A | 8 | 相手のメールを踏まえて適切に応答し，読み手に誤解なく自分の意見が伝わるような返信を書いている。 |
| B | 5 | 相手のメールを踏まえた応答が十分とは言えないが，読み手に自分の意見が伝わるような返信を書いている。 |
| C | 2 | 相手のメールを踏まえた応答が不十分で，かつ自分の意見を明確に書いていない。 |
| D | 0 | 相手のメールの内容を踏まえて返信を書いていない。文章を書いてはいるものの，読み手に伝わるものになっていない。 |

ルーブリック例

　いまだに現場は「指導と評価の一体化」の実現に苦労しています。学習指導要領の改訂にともなって観点別学習状況の評価が3観点に整理されたこともあり，この問題はさらに混乱を極めている様相です。特に「思考・判断・表現」の評価については，教師の理解が不十分なまま指導及び評価が進んでしまっているように見受けられます。

　しかしここまで見てきたように，タスク・ベースの評価には，「思考・判断・表現」を評価する上で大きな助けとなる可能性が秘められています。**「何ができるか」を出発点にテストをデザインすることで，適切に「思考・判断・表現」を評価することができる**ようになるでしょう。

　次ページからは，筆者がこれまでに作成した定期考査問題の一部を紹介します。いずれも，理解型タスクと表出型タスクを統合した（読むこと→書くこと）技能・領域統合問題です。

11　以前にあなたが送った返信に対して、Davidが以下のメールを返してきました。これを読んで、Davidに返事を70語以上で書きなさい。その際、あなたがインターネットで調べた≪資料1≫を踏まえて、意見と理由を述べなさい。

Can-Do:　相手に適切なアドバイスを与えるために、データや資料を踏まえて、自分の意見とその理由を整理して、簡単な語句や文を用いて書いている。

<12点>

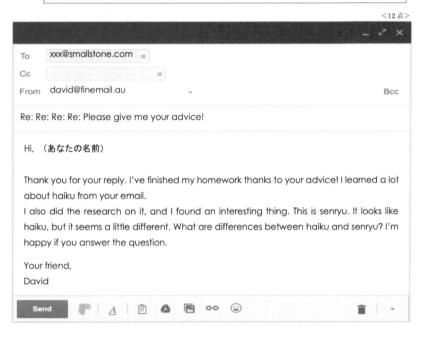

To　xxx@smallstone.com ✕

Cc　　　　　　　　　　　✕

From　david@finemail.au　　　　　　　　　　　　　　Bcc

Re: Re: Re: Re: Please give me your advice!

Hi,　（あなたの名前）

Thank you for your reply. I've finished my homework thanks to your advice! I learned a lot about haiku from your email.
I also did the research on it, and I found an interesting thing. This is senryu. It looks like haiku, but it seems a little different. What are differences between haiku and senryu? I'm happy if you answer the question.

Your friend,
David

Send

≪資料1≫

### 俳句と川柳の違い

川柳も俳句も同じ＜五・七・五＞の17音定型であることは、前にご説明しました。では、どこに川柳と俳句の違いをみるのでしょうか？

● 俳句には、＜季語＞が必用ですが、川柳では特にこだわりません。
● 俳句は、主に自然を対象に詠むことが中心ですが、川柳では、人の様子や社会を対象に描写することが中心です。

※ http://www.doctor-senryu.com/01_museum/0_senryu-haiku.html を参照して作成。

例2

11　David が以下のような Forms アンケートを送ってきました。次の 1.から 3.の質問に対して、それぞれ 2 文で答えなさい。ただし、接続詞を用いて文を繋げた場合は、**主語と動詞のセットで 1 文**とみなします。

Can-Do:　問われている質問に適切に回答するために、自分の意見とその理由を整理して、簡単な語句や文を用いて書いている。

<②×3＝6 点>

## Questions about your dream by David

Please answer three questions below. Write the answers with two sentences.

...

* 必須

1. If you had one million yen now, what would you do with the money? *

回答を入力してください

2. What would you ask if you had a super robot? *

回答を入力してください

3. If you had a time machine, when would you go? And why? *

回答を入力してください

送信

# 3

## CHAPTER

タスク・言語活動を成功に導く
授業の組み立て方

# 01

# タスクをデザインする4STEPS

　ここまでは，TBLTやタスクの要素を英語授業に取り入れるようになった時代的背景や，タスクの定義をはじめとする理論的な裏付け，そして日本の英語教育とタスクの関係性などを確認してきました。ここからはいよいよ実際にどのようにタスクをデザインし，授業に落とし込んでいくかを述べていきます。タスク・デザイン時における留意事項については，松村（2012）や髙島（2020）などの文献ですでに記されているので，ここでは現職教員である筆者がタスクを考える際の思考の過程に沿って，タスク・デザインの流れを紹介します。あくまで一教師の事例なのでこれが「正答」ではないかもしれませんが，読みながらその流れを疑似体験してご理解いただければうれしいです。

## STEP 1　ネタ探し

　筆者がネタを探す方法として最も大切にしているのは「日常生活でのネタ探し」です。それはなぜか。理由は「意味内容中心の言語使用」と「タスクの現実性（real-worldness）の保証」です。日常生活では，言語はあくまで意味や内容を伝達するための「手段」として用いられています。これはタスクの条件の1つである「意味に焦点を当てること」と一致します。またタスクの要件に，タスク内での言語使用が現実世界でのそれと同じまたは近いものであることを挙げる先行研究（Long, 2014）もあります。こうした理由から，筆者はまず**日常生活にヒントを探します**。

　ネタ探しの時期は，単元の開始前もしくは学期や年度が始まる前の長期休

暇中です。これらの指導開始前に，まず教科書に目を通し，そこで扱われている題材と言語形式を確認します。この２つが，ネタを探す際の「視点」になります。あわせて，日頃の学校生活で生徒と雑談する中で，彼らの興味・関心や生活の様子をよく観察するとともに，ネタをキャッチするアンテナの感度を高めます。

　よくネタが見つかるのは散歩や買い物の途中，そして旅行先です。英語で書かれたポスターや標識，パンフレットなどを見つける度に写真を撮ったり収集したりしています。本屋や図書館に行くと，教科書で扱われている題材に関する絵本や児童書などを探して目を通すようにしています。「あ，これタスクになりそうかも」というネタがあったら気づけるように，日常生活を送る上でいつも頭の片隅に意識し続けています。

　日常生活以外では，**生徒が他教科で学んでいることをヒントにする**こともあります。例えば，家庭科で扱ったレシピなどを用いれば，手順ごとに英語で書き直したカードをバラバラに並べ，それらを読んで正しい順序に並べなおすといった理解型タスクをデザインすることができます。他教科の授業で日本語を通して学んだことを再利用するので，タスクに向かう生徒の心的な負担は大幅に軽減されますし，内容面に焦点を当てることもできます。このような教科横断の視点もタスク・デザインの大きなヒントです。

　上記にあわせて大事にしているのは，英語を使う「必然性」です。授業内の活動は得てして，英語を使う必然性がない状況設定になりがちです。もちろん指導の一過程としては，必然性の低い状況での英語使用も避けられない現状はあります。しかしだからこそ，タスクにおいては英語を使わなければならない場面や状況を設定して，**自然な文脈の中で生徒に英語を使わせる**ような工夫をしたいものです。

---

## STEP 2　イメージの具体化

---

ネタ集めをしていく中で，「これは！」というタスクの原石に出会ったら，

次はタスクのイメージをさらに具体化していきます。まだ「ネタ」の段階ではぼんやりとしているイメージを，現場の先生の「感覚」や「経験」でブラッシュアップしていき，タスク・ゴールを明確にします。

筆者は初めに，タスクに取り組んでいる生徒の姿を想像します。その生徒はタスクを「面白そう」と思ってくれているでしょうか。活動を楽しんでいるでしょうか。まずはこうした**ポジティブなイメージがもてるかどうか**で判断します。なぜなら生徒が夢中になるようなタスクを設定しなければ，生徒の主体性やエンゲージメントは引き出せないからです（Mercer & Dörnyei, 2020）。

次に，具体的な成果物をイメージします。それは口頭による発表でしょうか。それともポスターなどの視覚的なものでしょうか。そして何よりも，それは生徒が心から「言いたい，伝えたい，こうしたい」と思った末の成果物でしょうか。発信型タスクであれば，成果物が目に見えるので具体化しやすいかもしれません。理解型タスクでは，「〜できるようになった」という生徒の姿をイメージすることで，ゴールを設定しやすくなります。

---

## STEP 3　タスク化

---

この段階では，ここまでに検討してきた「ネタ」を「タスク」に整えていきます。すでに確認した「『タスク』の定義」（p.12参照）を踏まえて，筆者は以下の4つのポイントを意識してタスクをデザインします。

### ①　（できるだけ）authentic になっているか

タスクの現実性は必須ではないものの（pp.14−15参照），より現実に近い場面設定がある方が，生徒の学習意欲は高まります。課題をより現実に近付けるために，コミュニケーションの目的・場面・状況を設定し，タスク・ゴールを明確にします。加えてどのような相手とコミュニケーションするのかを明らかにすることで，相手者意識をもってタスクに取り組めるようになります。

また，タスクの現実性が高いということは，特定の言語形式を使用するような制限を設けないタスクにするということです。髙島（2020）はタスク・デザインの留意点として，「迷いや葛藤などにチャレンジさせるようにする」ことを挙げています。使用言語の内容はもちろんのこと，既習事項を思い出し，場面や状況に応じてどの言語形式を用いるべきなのかを選択させることが肝要です。

## ②　生徒の創造性・想像性を生かす場面があるか

　タスクでは，決まった言語形式を繰り返し口頭で言うような練習とは異なり，より高次の思考を用いて課題に取り組むことが要求されます。よって成果物は，インプットしたものをそのままアウトプットするものではなく，学習者の思考を経て創造されたものになるべきです。生徒が自由に発想し想像力を発揮するためには，「余白」が大事です（中嶋，2023）。教師が何もかもお膳立てするのではなく，生徒が自己決定・自己選択するような場面を設定することも，生徒の思考を促すきっかけをつくります。

## ③　Pre-task と Post-task がセットされているか

　タスクそれ自体を検討するだけでは十分ではありません。これまでの学習歴を振り返り，生徒には事前にどのような準備が必要なのかを考えなくてはなりません。また，事後はやりっぱなしで良いのでしょうか。タスクを用いた学習の効果を高めるには，Pre-task と Post-task をセットで考えていく必要があります。

　Pre-task では，タスクや題材について導入したり，タスクに取り組む上で必要になる最低限の語句やフレーズを導入したりします。タスクのイメージを共有するために過去の生徒が同様のタスクに取り組んだことがあれば，そのときの好例を撮影したビデオを見せることもできます。留意点は，あまり多くの時間を割かず，必要最低限の内容に留めることです。教科書で扱ったことのある題材に近いタスクであれば，題材や語句の導入が不要な場合もあ

るでしょう。

Post-task では自身のタスクの成果を踏まえて，言語的な側面に焦点を当てます。タスクの考え方では，言語形式などを活動前に明示的に指導することは避けるので，タスク後の「振り返り」が推奨されています。例えば，タスク中に口頭で発表したものを録音しておき，自身で聞きながら文字起こししたものを正しく書き直していくということができます。または，タスク中に気づいた重大な誤りについて，教師が直接的に指導することもできます。大事なのは，事前ではなく「事後」に言語形式に焦点を当てることです。

④　仲間と interaction する場面があるか

他者とやり取りすることはタスクの必須条件ではないですが，筆者はできるだけタスクに interaction が生じるように工夫しています。Long（1996）は，言語学習には「意味のやり取り（negotiation of meaning）」が必要であり，やり取りの中で言語は習得されていくとしています。

また，学習者の創造性が生きるタスクであればお互いの成果物に差異が生じるため，相手のことを知ろうとするポジティブな感情が interaction を活性化してくれるとも考えられます。

---

## STEP 4　最終確認

---

ここまで検討してきたタスクを実行する前の最後の確認です。以下の3つのポイントで最終チェックを行います。タスク作成者ではなく，同僚や仲間に客観的な視点で確認してもらうのも良いでしょう。

① 実現可能性の確認

どれだけ素晴らしいタスクが発案できたとしても，実現できるかはまた別問題です。必要な時間をタスクに割けるか，教材及び教具を授業時までに準備できるかなどの点についても，冷静になって確認しなくてはなりません。

## ② 指導の一貫性の確認

　指導計画やCAN-DOリストとの整合性を確認します。これまでの，そしてこれからの指導との繋がりがなければ，タスクを導入したとしても大きな効果が期待できないかもしれません。

## ③ そこに「学び」はあるのか

　「タスクは遊び」と揶揄されるのを見聞きしたことがあります。一瞥しただけでは確かにタスクの学びを見取るのは難しいかもしれません。「タスクとしての学び」を確認するには，そこに「意味内容がともなう言語処理があるか」を注意深く見ることです。一見アクティブに見える活動も，この視点で見ると機械的な練習でしかないこともあります。それではタスクをやる意味はないでしょう。

| STEP 1：ネタ探し |
| :---: |

⇩

| STEP 2：イメージの具体化 |
| :---: |

⇩

| STEP 3：タスク化 | | | |
| :---: | :---: | :---: | :---: |
| ①（できるだけ）authentic になっているか | ②生徒の創造性・想像性を生かす場面があるか | ③Pre-task とPost-task がセットされているか | ④仲間とinteraction する場面があるか |

⇩

| STEP 4：最終確認 | | |
| :---: | :---: | :---: |
| ①実現可能性の確認 | ②指導の一貫性の確認 | ③そこに「学び」はあるのか |

ネタをタスクにするまで

# 02

# タスクを見据えて
# Backward Design でつくる指導・評価計画

　前節でお示しした「コツ」を踏まえてタスクを設定したら，まず取り組むべきは「計画」です。検定教科書をベースに指導を進めていく日本の英語教育は「単元」を１つのまとまりとして構成することが多いので，単元指導・評価計画を立案することが多くなるかと思います。ときには，複数単元を終えた後に，１つの「プロジェクト」のような技能統合型の言語活動に取り組むこともあるでしょう。現行の検定教科書は後者のような構成でつくられていることが多いです。

　生徒がタスクやプロジェクトの目標を達成するには，単語や文法などの言語材料を個別に積み上げ式で学習するような「点」の指導ではなく，それぞれが有機的に繋がり合って「生きて働く『知識・技能』」（中央教育審議会，2016）となるような指導の工夫が肝要です。その工夫の１つとして，ここでは Backward Design（逆向き設計）の考え方を生かした指導・評価計画の作成方法についてご紹介します。

## Backward Design とは？

　Wiggins & McTighe（1998）は，Backward Design で計画を立てる際には，以下の３つのステージを進むことを提唱しています。

> ステージ１：求められている結果（目標）の特定
> 　　　　　（Identify Desired Results）
> ステージ２：評価の根拠（承認方法）の決定

> (Determine Assessment Evidence)
> ステージ3：学習経験と指導（授業の進め方）の計画
> (Plan Learning Experiences and Instruction)

　上記の内容を簡単にまとめると，「目標→評価（方法）→指導（計画）」という流れになっていることがわかります。しかし，実際の教育現場では，「指導→評価」という順序で実践されていることがしばし見受けられます。この並びが逆になっていることから，backward（逆向き）と呼ばれているのです。

　ここでいう「目標」は別の言葉にすると「育てたい生徒像」です。どのような生徒に育てたいのかを単元，学年または3年間（中高一貫教育校や小学校だと6年間）を見通して言語化する必要があります。中嶋（2023）は，これをさらに「身に付けさせたい力」まで細分化して逆算することが，より具体的に指導内容や必要な時間を明確にする上で有効だと述べています。

　評価（方法）は，指導を経て身につけた力を見取る方法を具体化することを指しています。タスク後に定期考査で日を改めて評価することもあるでしょうし，タスクを通してパフォーマンス・テストを実施することもあるかもしれません。あわせてそれぞれにおける評価規準・基準を指導前に設定します。これが各校で設定されている CAN-DO リストの能力記述文と繋がることも，Backward Design の観点では重要です。

---

## なぜ Backward Design？

### (1) 見通しをもった指導ができるようになる

　目標や評価規準などのゴールが先に定まっていると，タスクやパフォーマンス・テストへ向けて見通しをもって指導することができます。マクロの視点があれば活動の意味や意図がはっきりするので，活動の要不要の判断ができるようになったり，どこに重点をおいて指導すべきかがはっきりしたりし

ます。

　その結果，各活動が有機的に繋がり，「団子の串」の通った授業及び単元になります（千代田区立九段中等教育学校に勤務していたとき以来お世話になっている田口徹先生がよく使われていた喩えです）。あわせて，活動が生徒の過重負荷になって学習動機を低減させないように small step を意識して活動を配列することができるようになります。

　ミクロの視点では，各授業・各活動の質を高めることに寄与します。単元末のタスクやパフォーマンス・テストがはっきりしていれば，言語活動の内容や進め方そのものにも好影響を及ぼします。タスクに沿った題材や内容を扱って，生徒のレディネスを整えることが期待できます。また，教師はよく同じことを余計に繰り返し指導してしまいがちですが，ゴールが明確だと，生徒に伝えるべきことと気づかせるべきことを見定めることができるようになります。さらに，授業内の生徒の偶発的・自発的な発言を引き出すこともできるでしょう。

　目標までの「串」がしっかりしていれば，生徒の発言を拾って少し寄り道してしまったとしても，すぐに本筋に戻ってくることができます。また，そういった発言が授業の本質に沿ったものかどうかを判断する規準にもなるため，活用の仕方も改善されるでしょう。机間指導においても，ねらいや目的をもって生徒の発言を拾い，それらを紹介できるようになります（中嶋，2011）。

## (2)　学習活動に意味や意図をもつことができる

　「見通し」は決して教師だけのメリットではなく，生徒にとっても有益なものです。生徒に最終的なゴールを示すことには，多くの利点があります。学習指導要領における「主体的に学習に取り組む態度」の観点では，「言語活動への取組に関して見通しを立てたり振り返ったりして自らの学習を自覚的に捉えている状況についても」（国立教育政策研究所，2020）評価することとされています。生徒自身が最終的に何をしなければならないのかを把握

することで，それぞれの活動には意味があるということに気づき，活動に取り組むことへの必要性が高まることは，生徒のタスク・エンゲージメントを喚起することにも寄与します（Mercer & Dörnyei, 2020）。

## タスクから「逆算」するときの視点

前述のタスクの定義にもあるように，TBLT におけるタスクは原則，特定の言語材料に焦点を当てずに，未知の状況のもとで実施するものだとされていることから，Backward Design とは相容れないものだとされることもあるかもしれません。それを鑑みつつ，本書は日本の英語教育の現状を踏まえて TSLT の発想を生かしたタスクの導入を提案しているので，次のような点に留意しています。

まず指導開始時にタスクを生徒に紹介する際は，言語材料ではなく内容や題材に焦点を当てて伝えるようにします。これは生徒が言語材料を意識しすぎてしまうとタスクではなく exercise になってしまう恐れがあるからです。また，教科書の題材や内容を生かせるようなタスクにすることで，本文を読む必要性を高める工夫にも繋げています。

次に，生徒がタスクを達成する上で必要になるであろうと予想される項目を書き出し，それらが既習のものなのか，それとも単元を通して身につけさせるべきものなのかを検討します。この作業はあくまで教師側の準備のためであって，タスク上は未知の状況を設定する必要があることから，生徒には明示的には伝えません。

そして成果物のイメージをより具体化するために，先生自身が事前にタスクに取り組みます。タスクを達成するのにどのような準備をしたか，どのような語彙や文法を使ったか，扱う内容が難しすぎないか（もしくは易しすぎないか），こういった点を確認して計画作成に生かすことで，より精度の高い Backward Design を実現できるようになります。

# 03

# 「生きて働く知識・技能」を育成する授業

## 「知識・技能」とは？

　ここまでタスクと思考力，判断力，表現力等の関連について何度か述べてきました。学習指導要領で示されている「育成すべき資質・能力の三つの柱」には他に「知識・技能」があります。外国語における「知識・技能」は，中学校学習指導要領（平成29年３月告示）の「２　内容〔知識及び技能〕(1)」に示されているように，音声や文構造，文法事項といったものです（文部科学省，2018a）。これに加えて語彙も知識に含まれるものとされています。留意しなくてはならないのは，今期の学習指導要領はこの観点に「技能」も含めていることです。文法や語彙といった「知識」をただ理解するだけでなく，その知識をコミュニケーションにおいて活用できる「技能」にまで発展させなくてはなりません。

## 「知識・技能」と「思考・判断・表現」の関係性

　知識・技能と思考・判断・表現の関係については，中学校学習指導要領（平成29年３月告示）解説　外国語編（文部科学省，2018b）に以下のように言及されています。

　　外国語の学習においては，語彙や文法等の個別の知識がどれだけ身に付いたかに主眼が置かれるのではなく，児童生徒の学びの過程全体を通じて，知識・技能が，実際のコミュニケーションにおいて活用され，思

考・判断・表現することを繰り返すことを通じて獲得され，学習内容の理解が深まるなど，資質・能力が相互に関係し合いながら育成されることが必要である。

　つまり，思考・判断・表現はそれ単体で存在するのではなく，知識・技能との密接な関連の中で機能するものなのです。

　また知識・技能は，思考力，判断力，表現力等の育成及びタスク学習に取り組む上での基礎であるともいえます。前述の通り，タスクそのものの難易度を調整することで，どの習熟度にある学習者でもタスクに取り組むことは可能です。しかし，タスクで用いるための「既習事項」を蓄積するためには，日頃の授業における積み重ねが欠かせません。EFL 環境にある日本の学習者にとってはなおさらです。

　語学はよくスポーツや楽器演奏に喩えられます。「知識・技能」の育成は基礎練習，「思考・判断・表現」の育成の場は練習試合または合奏といえるかもしれません。スポーツも楽器も，地道な基礎練習の積み重ねがなければ，良いパフォーマンスを本番で実現することはできないでしょう。

## 「知識・技能」を育成する授業の構成

　ここでは，タスク学習で生かせる既習事項を積み上げていく授業の一例として，筆者の「いつもの」1 時間の授業構成を紹介します。筆者及び筆者の勤務校は，検定教科書を大事にした指導を行っています。そういう点では，一般的な公立学校における授業の流れとは大差ないかもしれません。

　大事なのは，こういった授業を日々コツコツと積み重ねて生徒の「引き出し」を増やしてあげること，そして言語活動を念頭に置いて，知識の「理解」に留めるのではなく「技能」にまで高めてあげるように指導することです。

| | |
|---|---|
| 1. Greeting | 挨拶後に small talk を取り入れることが多いです。 |
| 2. Warm-up | 歌を歌ったり chat したりして，英語の授業の雰囲気をつくります。 |
| 3. Introduction of the New Grammar Item | 新出文法および言語形式を音声中心に導入します。一方的に説明するのではなく，学習者にとって身近な話題をもとにインタラクションを通して導入します。導入後には，必要に応じて明示的に解説します。 |
| 4. Drill / Practice | 導入した文法や言語形式を口頭で練習します。 |
| 5. Introduction of the New Story | 教科書本文の導入も音声中心で行います。 |
| 6. Oral Reading Practice | 本文の内容を理解した後，音読練習を繰り返します。 |
| 7. Output Activity | 教科書本文の題材に合わせて，retelling や writing などのアウトプット活動を行います。 |
| 8. Consolidation / Greeting | |

筆者の基本的な1時間の授業構成

新出文法の導入と新しい本文の導入を1時間ずつ分けて指導する授業をよく目にします。しかし筆者はこれらを1時間に収めて，タスク活動や言語活動のための時間を捻出する工夫をしています。文法導入は比較的あっさりしているかもしれません。「それでは文法や単語が定着しないのでは？」という質問をよくされますが，ここでの「導入」はあくまで学習事項との「出会い」です。出会った文法や語彙は1回では定着しません。別の活動やsmall talk を通して繰り返し触れられるような「仕掛け」を意識的に準備しています。

## 「知識」を「技能」にするために

　理解した「知識」を，コミュニケーションで活用できる「技能」にするために大事にしたいのは，知識の「自動化」（automatization）です。第二言語習得論の分野において「自動化」は改めて注目されており（Suzuki, 2023），明示的に学んだ言語形式や語彙を「練習」することは，「生きて働く知識・技能を習得」（中央教育審議会，2016）に貢献すると期待されています。

　筆者は授業で導入した言語形式を mim-mem や pattern practice を通して繰り返し練習させたり，複数回にわたり教科書本文を音読させたりして，知識の自動化を促すように工夫しています。一見「愚直」なような活動ですが，学習者の「知識」を「技能」に昇華させるためには欠かすことのできない手順です。

　ここで留意しなくてはならないのは，前述の通り「技能」はコミュニケーションにおいて活用できるものでなければならないということです。自動化がこれまで批判されてきたのは，この視点が欠けていたからです。同じ轍を踏まないためにも，目的・場面・状況を意識した「練習」を検討していく必要があるでしょう。

# 04

# 「タスクへの橋渡し」となる授業内活動(1)

　ここからは「生きて働く『知識・技能』」を育成するために筆者が授業に取り入れている活動のうち，Chat, Questions & Answers, 音読, Retelling を紹介します。これらの活動を長期的に繰り返して練習を積み重ねることで，タスクで生かせる既習事項を増やすことができます。

## Chat と Q&A 活動

　Chat 活動とは名前の通り，コミュニケーションの相手と英語で会話することを指します（小学校英語では「small talk」と呼ばれることが多いです）。身近な話題や日常的な話題について英語で会話を楽しんだり，社会的な話題などについて自分の意見や考え，情報を交換したりするといった非常に自由度の高い活動です。現行の学習指導要領で「話すこと［やり取り］」が領域の1つとして明記されて以来，中・高の英語教育の現場にもだいぶ浸透してきた活動だと思います。

　Chat は，より自由度の高いタスクへの「橋渡し」となり得る重要な活動です。とある題材について言語形式の制約がない状況で相手と話し合うということは，コミュニケーションが「意味中心」になっているということです。「意味中心」が定義の1つであるタスクに取り組ませる上で，形式ではなく内容に焦点を当てて会話する経験を積ませることは不可欠です。あわせて，「意味」が先行しているコミュニケーションの場を繰り返し経験することで，その意味・内容を表現するための言語形式を自らの力で選択・決定する力を育てることもできます。これまでに宣言的知識として蓄積されてきたものが，

この繰り返しの練習を通して手続き的知識に昇華するのです。

　しかしその一方，自由度が高いからこそ，どのように取り組ませたら良いかわからないといった声も先生方から聞きます。また，chat に取り組ませてはいるものの，言語形式を特定してしまっているがために決まりきったような会話しか進められていなかったり，見かけでは活発に話してはいるけれどもよく聞いてみると発話されている英語が崩れてしまっていたりする状況も散見します。

　これらの課題を解決するために筆者が工夫しているのは次の4点です。

## (1)　英語でやり取りする経験の積み重ね

　「なかなか生徒たちが英語で会話してくれない…」とお悩みの先生に質問です。先生ご自身は，生徒と英語で会話していますか？　そしてその会話を楽しんでいますか？　生徒が何かに取り組む際に必要なのは "good example" です。まずは教師自身が英語で積極的にやり取りしそれを楽しむことが，生徒を動機付ける一番のカギになります。

　話すこと［やり取り］のスタートは，教師−生徒間の英語でのインタラクションです。授業の冒頭で行う small talk（雑談，世間話）をはじめ，文法や教科書内容を導入する oral introduction，生徒への発問を通したやり取りなど，授業そのものが英語でのコミュニケーションの場になるように工夫することが肝要です。

## (2)　Questions & Answers で既習事項を自動化し，自由度の高い会話へ

　実際に chat に取り組ませる際は，言語材料の制限は設けずに，題材や質問について自由に会話をするように促すべきです。しかし，生徒の英語の引き出しの中に自由に取り出して使える既習事項がなければ，コミュニケーションが思うように進まないのも事実です。この問題を解決するために用いるのが Questions & Answers 活動です（次ページ図）。

| Questions | Answers |
|---|---|
| 1．Do you like watching movies? | Yes, I do. I like anime movies. |
| 2．Are you a good cook? | No, I'm not. My mother can cook well. |
| 3．What food does Mr. Takasugi like? | He likes spaghetti. He likes Italian food. |
| 4．How long did you study at home yesterday? | I studied for three hours. I studied English and math. |

Questions & Answers 活動で用いるハンドアウト例

　教科書に出てくる新出の言語形式が，導入した後すぐに定着するわけではありません。何度も繰り返し触れながら，使いながら身につけていく必要があります。また自由度の高い chat がその先にあることを踏まえると，扱う言語形式が限定されないような練習をすることが大切です。そこで，既習の言語形式がある程度蓄積されてきたところで図のような表を作成し，繰り返し Questions & Answers 活動を積み重ねていきます。具体的な指導手順は以下の通りです。

① すべての質問と答えを教師に続いて復唱する。
② ペアになって，片方の生徒が質問を，もう一方の生徒が答えを言う練習をする。
③ ハンドアウトを半分に折り，質問だけを見て答えが言えるように個人で繰り返し練習する。
④ ペアになって，片方の生徒はハンドアウトを見て質問し，もう一方の生徒はハンドアウトを見ずに答えを言う練習をする。
⑤ 紙面上の表現が言えるようになったら，自身の考えや意見を踏まえ

て解答を自由に変えて相手に答える。
⑥　応用編として，答えの2文の後に1文加えさせたり，自分が2文言
　　った後に，相手に質問させたりする。

　生徒の習熟度に応じて，オリジナル文をつくるヒントとして文中に下線を
引くという工夫があっても良いでしょう。
　大切なのは，この流れを1時間に詰め込むのではなく，毎回の授業の冒頭
などで帯活動として実施することです。積み重ねが成長に繋がっていること
を生徒に体感させることが肝要です。成長が実感できれば彼らのエンゲージ
メントも自ずと高まり，翌時に向けて授業外で練習してくる生徒も出てくる
でしょう。ある程度の回数を積み重ねていったら少しずつこの活動から離れ
ていき，small talk を通したやり取りの中で，教師から投げられたこれらの
質問に生徒が即興的に答えられるようになっているかを確認します。答えら
れたら「合格」です。

## (3)　正確性を高める指導の工夫

　Questions & Answers の活動は，既習事項を自動化することと，それら
の表現がスムーズに使えるようにすることを目的とした「流暢性」を高める
指導の1つです。しかし前述のように，よく生徒の発話を聞いてみると，語
順が整っていなかったり，不要な日本語が混在していたりすることがありま
す。これらの「正確性」の面での課題を解決していくために，筆者が行って
いるのは，chat の録音・録画と「言いたかったけれど言えなかった」表現
の記録です。
　まず1つ目の chat の録音・録画は，生徒が自ら誤りや改善すべき点に気
づくための工夫です。録音した音声は定期的に書き出させて，「理想の
chat」として書き直させています。英語の形式面だけでなく，つい言ってし
まう日本語の口癖や，fillers などがうまく使えているかどうかについても確
認するように促します。主体的に学ぶ生徒を育てるためには，自己評価・自

己省察を通して，自らの学習を改善していけるような力を育むような授業にしなくてはなりません。

2つ目の「言いたかったけれど言えなかった」表現の記録は，chat後の振り返りの際にレポートとしてメモさせます（右図）。

同じトピックでペアを変えてchatすることが多いので，ここにメモして調べた表現が次のchatに生かせる仕掛けになっています。

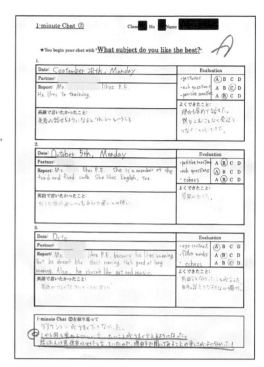

### (4) 言語面以外の育成

Canale & Swain（1980）によると，コミュニケーション能力（Communicative Competence）は文法能力，社会言語学的能力，談話能力，方略能力の4つで構成されており，これらが統合されて「コミュニケーション能力がある」としています。drill的な練習だけでは文法能力の育成に偏ってしまい，相手や場面に応じて適切に言葉を使用する力や，コミュニケーションがうまくいっていないときに対処する力などは育成できません。Chatのような自由な練習の場を通して，意図的・計画的に指導していく必要があるので，chat reportには毎回3つの視点を設けて振り返らせています。

# 05

# 「タスクへの橋渡し」となる授業内活動(2)

## 音読

　音読活動のない英語授業はないと言っても良いくらい，音読は多くの先生方に重要視されています。ここで音読の効果や理論的背景などについて詳しく触れることは避けますが，前述した「自動化」同様，音読も既習事項をアウトプットの段階に橋渡しする役割を担うものの１つです。

例えば音読には次のようなものがあります。

---

- Chorus Reading（復唱）
- Overlapping / Paced Reading
- Buzz Reading（一斉読み）
- Individual Reading（個人読み）
- Shadowing
- Read and Look up

---

　これらはそれぞれに活動の目的・意味があり，その後に続く活動に応じて使い分けることが大切です。

　音読指導の際に気をつけなければならないことの１つに，音読をただの「音声再現」にしないことです。教科書本文には登場人物がいたり，場面や状況が設定されていたりすることが多いです。人間の発する声は，そのときの感情や思い，相手が誰なのかによって使い分けられるはずです。それを無視して，文字をただ音声化するだけの音読にしてしまうのは大変危険です。「生きた言葉」を使える生徒を育てるためには，相手者意識をもって発音やイントネーションなどを工夫できるように，音読を通して生徒を鍛えることが欠かせません。

高等学校の教科書には，登場人物や場面が設定されていないことが多いかと思います。そういった際でも，音読練習の前に「本文内容を知らない中学生に対して説明するように」や「登場人物の○○になったつもりで」といった場面を設定してあげることで，文章に感情や思いを乗せて読むことに繋げることが可能です。

## Retelling

授業に retelling を取り入れている先生が増えてきた印象があります。Retelling（再話）は，「ストーリーを読んだ後，原稿を見ずに，その内容を知らない人に語る活動」（卵城，2023）です。Retelling そのものは，意見や考えを述べる要素がなければ言語活動とは呼べないかもしれませんが，読解を通して得た意味・内容を英語で伝えるという力を伸ばすには有効なスキルトレーニングです。

読んだ内容を再話するという点でも，retelling の前提には音読の積み重ねがあります。音読の先に retelling があると知っていれば，生徒が目的意識をもって音読に取り組むことが期待できます。取り組み始めたうちは，自分の言葉での再話ではなく recitation（暗唱）になってしまうこともあるかもしれませんが，最初はそれでも良いと思います。そこをきっかけに，絵や写真，キーワードをヒントに自分の言葉で再話するように促したり，retelling の初めの言葉をキューとして指定してあげたりすることで，自由な言語使用に少しずつ結びついていくでしょう。

Retelling に慣れてきたら，語数や時間を制限して内容を要約する要素を取り入れたり，自分の意見や考えを再話後に加えさせたりする発展的な活動に挑戦させても良いでしょう。音読のときと同様，目的や場面を設定して相手者意識をもった retelling をすることも可能です。

# タスクの要素を生かした
# 言語活動アイデア

01

# Find the Fake Information
## 「フェイク」を見破れ！

---

### ねらい

・ペアやグループになって，相手に英語で自己紹介（他己紹介）する。
・相手の自己紹介（他己紹介）をよく聞き，誤情報を見つけて相手に確認する。

---

### 単元の流れ（全5時）

| 時 | 指導内容 |
| --- | --- |
| 1〜3 | 自己紹介（他己紹介）を題材にした文章を聞いたり読んだりして，文章の構成や表現について学ぶ。 |
| 4 | ペアやグループになって，誤情報を1つ含む自己紹介（他己紹介）をする。 |
| 5 | 誤情報を含まない自己紹介（他己紹介）の「最終版」をつくり，オンラインで共有する。 |

## 概要

　自己紹介や他己紹介は英語授業によく取り入れられる活動の１つです。そのため，小学校英語ですでに活動として経験してきていたり，周りのクラスメイトが知り合いだったりすると，活動に取り組む意義が半減してしまうことがあるかもしれません。

　そのような問題を解決するために「ひと工夫」を加えたのが本タスクです。あえて fake information を紹介文に忍ばせることで，聞き手は注意深く自己紹介（他己紹介）を聞くようになります。

## 指導の手順

### 1. 自己紹介（他己紹介）について学ぶ

　自己紹介（他己紹介）を扱っている教科書本文を聞いたり読んだりして，文章の構成や使われている表現について学びます。

### 2. 教師による自己紹介（他己紹介）の例示

　教師が自己紹介（他己紹介）の例を示します。事前に誤情報が１つだけ入っていると伝えておき，話し終えたら種明かしをします。

　聞く際には，この後の準備で活用する「くま手チャート」（右図）に聞き取った情報をメモさせることで，生徒自身の自己紹介（他己紹介）への橋渡しになります。

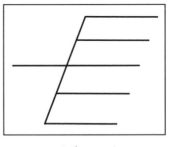

くま手チャート

## 3. 自己紹介（他己紹介）の準備をする

　くま手チャートに情報を書き入れるようにして，自己紹介（他己紹介）の準備をします。紹介文には誤情報を1つ入れるように伝えます。チャートには文ではなく単語または句単位でキーワードを書き入れるように促し，口頭で自己紹介（他己紹介）する際のメモとして活用するようにします。

## 4. 自己紹介（他己紹介）をし，聞き手は fake information を見つける

　ペアやグループになって，自己紹介（他己紹介）をします。聞き手は誤情報を発見できるように，相手の話をよく聞きます。途中でわかってしまっても，話し手の自己紹介は最後まで聞くようにと事前に指導しておくと良いでしょう。

　自己紹介（他己紹介）後に，聞き手は "You said…. Is it true?" と情報の真偽を話し手に確認し，fake information が見つかるまでこのやり取りを繰り返します。

## 5. 自己紹介（他己紹介）の「最終版」を書く

　「話すこと」が中心の展開でしたが，最後は fake information が含まれていない自己紹介（他己紹介）文を書き，オンラインで共有します。他のクラスメイトの発表を見て気づいた「良かった点」を真似するように促します。

---

### 授業のポイント

---

　中学1年生の学習初期の段階から critical thinking / reading の素地を養うことを意識します。聞いたり読んだりして得た情報をすべて鵜呑みにしない態度を育てることはとても重要です。

# 02

# Post Comments on Social Media

## SNS に自分の記事をあげて
## 友達の記事に質問やコメントを残そう

### ねらい

- 「地元のおすすめ food 紹介」という写真付きの記事をつくり，SNS に
  アップロードする。
- 友達がつくった記事を読んで，質問やコメントを残す。

### 単元の流れ（全6時）

| 時 | 指導内容 |
|---|---|
| 1〜4 | 教科書本文を理解することを通して，食べ物やレストランを紹介したりおすすめしたりする表現を理解する。 |
| 5 | 「地元のおすすめ food 紹介」というテーマでつくった記事をオンラインで読み合い，クラスメイトの記事に質問やコメントを残す。 |
| 6 | クラスメイトの記事の良かった点や，自分の記事についた質問やコメントを踏まえて，記事の「最終版」を書く。 |

## 概要

　私たちは日常的に，メールやSNSという媒体を通して文字を使ったメッセージのやり取りをしています。コミュニケーションにおける「書くこと［やり取り］」が占める割合は，ICTの発展が進むにつれて増すばかりではないでしょうか。今後，海外の方と英語でコミュニケーションを取る場面としても，オンラインでの文字のやり取りが多くなると予想されます。学習指導要領にはない**「書くこと［やり取り］」**という視点が今後はいっそう求められてくるでしょう。

　本活動ではその中でもSNSのやり取りを採用し，クラスメイトの記事に質問やコメントを残すことをタスク・ゴールにしました。あわせて英語を使う必然性を設けるために，「日本に来る外国人旅行者に地元の隠れた逸品を紹介する」というコミュニケーションの目的や相手を設定します。

## 指導の手順

### 1. 題材の導入

　単元で扱う教科書本文では，登場人物がおすすめのレストランを紹介したり，食べ物を描写したりします。生徒は単元末タスクで食べ物やレストランを表現することになりますので，教科書を通して言語形式や語彙を身につけることがタスク成功のカギです。

　教科書本文を扱うのと同時に，単元末タスクに向けたスキーマの活性化をねらって，食べ物に関するチャットを繰り返し行います。"What kind of food do you like?" や "What restaurant do you recommend near your house?" などのトピックで食べ物やレストランについて話すことを積み重ねて，食べ物について表現することを練習します。

## 2. 「地元のおすすめ food 紹介」という SNS 上の記事をつくる

　生徒は，オンライン掲示板アプリの Padlet を使い，紹介する食べ物を写真とともに紹介する記事を作成します。SNS の記事は短文で書かれることが多いです。この活動でも同様に，生徒には短い文章で端的に紹介するように促しました。

　記事を書く準備段階では，マッピングやマンダラートなどの思考ツールを活用してノートにアイデアを整理するように促します。

## 3. オンライン上でクラスメイトの記事を読む

　Padlet を使うと，図のように記事が画面上に並んで表示されます。現代の中高生は SNS の利用に慣れているので，このような記事が並んだ画面には強い親近感をもつようです。

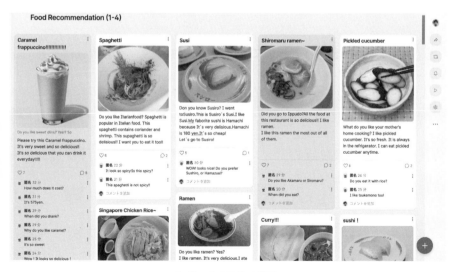

Padlet 上の生徒の記事

## 4. クラスメイトの記事に質問やコメントを残す

　本タスクのメインは記事を書くことではなく，記事を読んだ後に質問やコメントを残して，文字を媒体にオンラインでやり取りをすることです。生徒は気に入った記事に対して，もっと知りたいことについて質問したり，思ったり考えたりしたことをコメントとして残したりします。また，Padlet には「いいね！」を残す機能もあるので，読んだ記事には「いいね！」してあげようと促します。

　生徒にはコメントよりも質問を優先するように促します。理由の１つは，「やり取り」を活性化するためです。コメントは「書いて終わり」になりがちですが，質問されたら答えたくなるのが人間です。質問を受けた生徒には，積極的に答えるように伝えます。もう１つの理由は，質問を読むことで自分の記事の情報不足を認識することができるからです。Post-task には，書き直しの機会が設けられています。より中身の濃い記事を書くために，仲間の質問から学べるように仕掛けます。

## 5. クラスメイトから学んだことを生かして「最終版」を作成する

　仲間の作品や受けた質問やコメントから学んだことを生かして，自分の記事を書き直します。「最終版」もクラス全体で共有するので，ここではロイロノート・スクールに提出するように指示します（右図）。

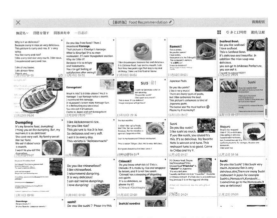

ロイロノートで共有した「最終版」

## 授業のポイント

　他の実践でも紹介しているのですが，Post-task として「最終版」の作成に取り組むことがポイントです。生徒は「初稿」の段階でも一生懸命に作品を仕上げてきます。しかし，他の生徒の作品やパフォーマンスを見ると，必ずと言って良いほど「良かった点」や「真似したい点」に気づくものです。これこそが教室で仲間と学び合う環境の醍醐味です。

　下の図は，本実践である生徒がつくった初稿（左）と最終版（右）です。文章が洗練されただけでなく，読み手意識が高まっていることがわかります。クラスメイトの記事を見たり，自分の記事が見られたりすることで，相手者意識が高まったのでしょう。

**Inoichi noodles**

Look at this food!
It is "Inoichi Ramen".
When I was in elementary
school, I went on a school trip to "Menya
Inoichi" in Kyoto.I tried it with my classmates.
Of course it was delicious!
Now I want to try "Inoichi Ramen" again with
my new classmates.
Please come to Mianya Inoichi and try it!

生徒の初稿（左）と最終版（右）

# Describe What is Happening in the World

## 今，世界では何が起きている？

### ねらい

・同時間に世界のどこかで起きていることを，ペアになった相手に実況
中継する。

### 単元の流れ

　授業の冒頭に帯活動として行う picture describing の代わりに行ったり，
現在進行形や分詞の形容詞的用法を学ぶ時期に行ったりします。

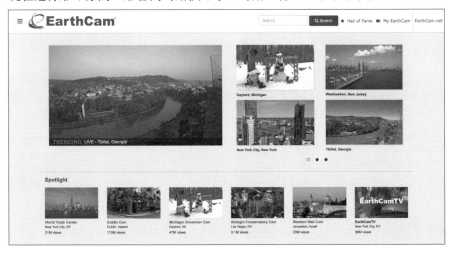

EarthCam のトップ画面

EarthCam（https://www.earthcam.com/）は，世界中に設置されたウェブカメラで撮影されている映像を24時間音声付きで見ることができるサイトです。YouTube で「ライブカメラ」と検索しても，アフリカの国立公園での動物の様子や，アラスカでの熊の様子などをリアルタイムで見ることができます。本当の意味での「現在進行」を授業に取り入れることができるICT 時代ならではの手法です。

服部（2022）は，EarthCam を用いて "What time is it?" を導入する実践を紹介していますが，ここでは一般的な情報伝達タスク活動である「場面・状況描写」として用います。カメラ越しに何が起きるかわからないワクワク感があるので，繰り返しタスクを行っても生徒が飽きないという利点があります。

---

## 指導の手順

### 1. 教師による例示

ライブカメラの映像をプロジェクターなどで投影し，教師はそこで起きていることについて描写します。使用する言語形式や語彙は，生徒の学年や学習段階に合わせて調整し，生徒にとって理解可能なインプットになるように工夫します。

### 2. ペアになって画面の中で起きていることを描写する

教師による例示を参考にして，ペアになってパートナーと協力しながら，画面の中で起きていることをできるだけ多く表現します。動きのあるものだけでなく，建物や景色などについても言語化するように促すことで，アウト

プットする表現の幅が広がります。

ライブカメラでのサンタクロース村の様子

## 3. ペアの片方の人だけ画面を見て，もう一方の相手に実況中継する

　ここまでで扱った場所とは別のライブカメラの映像を準備し，その画面を見ていない相手に向けて，場面や状況が伝わるように「実況中継」します。説明している場所について聞き手が正しく把握していればタスク達成です。

---

### 授業のポイント

---

　今回は表出型タスクとしての紹介でしたが，理解型タスクとしてもこのアイデアは活用することができます。例えば，教師や ALT が実況中継した情報を，生徒が絵にして描き表すという活動は，プロジェクターとノートさえあれば簡単に取り組むことができる理解型タスクです。

# Dream School Rules

## 生徒会役員になって「夢の校則」をつくろう

・身の回りにあるルールや決まりを英語で表現する。
・多くのクラスメイトに共感してもらえるような「夢の校則」をつくって，ポスターにして教室で共有する。

## 単元の流れ（全6時）

| 時 | 指導内容 |
|---|---|
| 1〜4 | 教科書本文を理解することを通して，ルールや決まりを表現する語彙や言語形式を理解する。 |
| 5 | 自分の家でのルールや決まりを英語で表現する。 |
| 6 | グループになって「夢の校則」を考えて，ポスターセッションをする。 |

　中学校教科書では，ルールや決まりを表現する助動詞などの言語材料を必ず扱います。題材としては，ホームステイにおけるマナーやファミリールール，海外で見られる標識などを用いることが多いです。しかし，これらのトピックよりも身近で，生徒に共通するルールは「校則」です。

　本活動では，さらに生徒をワクワクさせるために「夢の校則」を考えるように「仕掛け」をしました。日頃から身近にあって考えざるを得ない題材だからこそ，生徒が主体的にかつクリティカルに思考することをねらっています。将来的には中学３年生になったときに，校則について英語ディベートをする際の素地になることを期待します。

## 指導の手順

### 1. 教科書本文を通して，言語材料について学ぶ

　ルールや決まりについて表現する言語材料について，教科書本文を聞いたり読んだりして学びます。教科書の題材が校則と近いこともあれば遠いこともありますが，small talk などを通して，校則を表現する際に使えそうな語彙をできるだけインプットしておくと良いでしょう。

### 2. 自分の「家の決まり」を表現する

　グループになって「夢の校則」を考える前段階の練習として，それぞれの家庭での決まりを英語で表現します。まずは教師の例を示し，家事にまつわる英語表現をインプットします。次に，ノートに家での決まりごとについてまとめさせた後，ペアになってそれぞれの「家の決まり」を共有させます。

　ここで生徒が表現したものから，「夢の校則」に使えそうな表現をクラス

全体で共有し，翌時の活動に繋げます。教科書内の表現を振り返り，ルールや決まりを表すときに使えそうな表現を探して下線を引かせても良いでしょう。

## 3. 実際の校則を英語で表現する

「夢の校則」の活動に取り組む一歩前に，実際の校則を英語で表現するステップを設けます。「夢の校則」での表現が豊かなものになるために，校則として文面化されていないような決まりやマナーについてここで共有しても良いでしょう。

## 4. 個人で「夢の校則」を考える

グループになって考える前に，必ず個の時間を取ります。個でしっかり考えたものを共有するからこそ，それぞれの違いに意識が向き，その差異が学びを深めることに繋がるからです。

生徒はノートに，それぞれが考える「夢の校則」をメモします。その際，マッピング（右図）を用いて思考を整理しながら取り組むことを促します。

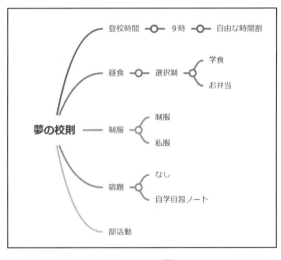

マッピング例

## 5. グループになってアイデアを共有し，ポスターにまとめる

グループになって，自身のアイデアを英語で発表する時間を取ります。聞き手はそれぞれのアイデアをノートにメモします。

グループのメンバーは，学校の「生徒会役員」です。全校生徒の代表として話し合いを進めながら，理想の校則をポスターにまとめていきます（右図）。タスクを「自分ごと」にするために，学校名や校章を考えさせても良いでしょう。

T Junior High School

**School Rules**

1. Students must come to school by 9:00.
2. Students don't have to wear school uniform.
3. Students can use their smartphones in class, but they mustn't use social media.
4. Teachers mustn't give homework, but Students should study by themselves at home.
5. Students can join a school club after school.

ポスター例

## 6. ポスターセッションをする

完成したポスターを教室内に掲示し，ポスターセッションを行います。各グループ１名はそれぞれのポスターの前に立ち，ポスターを見に来た他グループの生徒に向けて，自分たちの「夢の校則」を英語でプレゼンテーションします。プレゼンターの役割は時間を区切って交代し，できるだけ多くの生徒が発表できるようにします。ポスターを見た生徒は，感想や質問を付箋に書いて，ポスターに貼っていきます。

---

### 授業のポイント

---

今回はポスターセッションでの発表形式を取りましたが，グループプレゼンテーションを行うことも可能です。その際には，一人一文は発言すると事前に決めておくと，全員に発言の機会を設けることができます。

# My Ideal *Ekiben*

## 私の「理想の駅弁」を発案して プレゼンテーションをしよう

### ねらい

・お弁当会社の社員になりきって，お客様に喜んでもらえるような新しい駅弁を考える。
・自分で発案した駅弁の素晴らしさが聞き手に十分に伝わるように英語でプレゼンテーションをする。

### 単元の流れ（全5時）

| 時 | 指導内容 |
| --- | --- |
| 1 | 日本のお弁当文化を紹介している会話文を聞いたり読んだりして理解する。 |
| 2 | 「キャラ弁」を紹介するための英語表現を理解する。 |
| 3 | 「理想の駅弁」を考え，プレゼンテーションの準備と練習をする。 |
| 4 | プレゼンテーションをする。 |
| 5 | 振り返りをし，最終版のプレゼンテーション原稿を書く。 |

## 概要

　日本のお弁当文化は，世界に誇る食文化の1つです。日本に来る外国人旅行客にその良さを知ってもらえるような駅弁を開発し，企画が採用されるように魅力あるプレゼンテーションを行うのが活動の目的です。

　英語でコミュニケーションする必然性をもつために，「外資系旅行会社からコンペに招待された」という場面を設定しました。将来，生徒が社会に出たときに，海外の方々を相手にしても堂々とプレゼンテーションができるような素地を養います。

## 指導の手順

### 1. 日本のお弁当文化についての理解を深める

　単元で扱う文章の題材はお弁当文化に関するものです。海外の方から日本のお弁当がどう見られているのかを知り，お弁当の良い点について再認識します。あわせて，お弁当や食べ物について表現する際に用いる言語形式や語彙についても学びます。

### 2. 「理想の駅弁」を考え，プレゼンテーションの準備をする

　テキスト本文ではオリジナルの「キャラ弁」を考案して紹介するという課題が設定されていましたが，より現実的で他者意識のある課題にするために，「駅弁」へとトピックを変更しました。駅弁にすることで，地域の名産や特産物を取り入れるように促せるのと，都市部だけでない地方の良さを海外に発信することについても考える機会になるからです。

　プレゼンテーションの準備は，次ページ図のようにマッピングから始めます。考えていることやアイデアなどの思考を整理した後にプレゼンテーショ

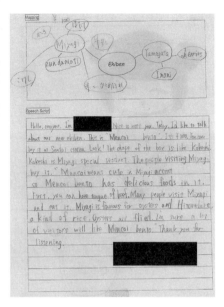

生徒のハンドアウト例

ンの原稿を考えさせることで，聞き手にとってよりわかりやすい内容になります。また，お弁当箱のパッケージも考えて，プレゼンテーションの際の視覚効果として用いるようにします。

## 3. クラスメイトの前でプレゼンテーションをする

クラスメイトを外資系旅行会社の社員と見立てて，自分の考案した駅弁を紹介するプレゼンテーションを行います。聞き手を話に引き込むために，ジェスチャーやアイコンタクト，質問の投げかけなどを工夫するように促します。

仲間のプレゼンテーションを聞い

て，その内容や良かった点などを peer evaluation（相互評価）sheet にメモします。

## 4. Best Presentation を選出する

　クラスメイト全員のプレゼンテーションを聞いた後，それぞれ best presentation を選んで投票します。クラスで最も多い票を獲得したプレゼンテーションが class best presentation です。

　ここで大事なのは，選んだ理由を考えさせることです。理由を列記することで，「良いプレゼンテーション」の要素が見えてきます。このまとめをすることで，次の「最終原稿」をつくる際の改善の視点が明確になります。

## 5. クラスメイトから学んだことを生かして，「最終原稿」を作成する

　仲間のプレゼンテーションから学んだことを生かして，自分の原稿を書き直します。この手順を踏むことで，生徒が粘り強く学習に取り組んでいるかどうかを見取ることができます。

---

### 授業のポイント

---

　プレゼンテーションをクラスメイトの前で全員に行わせるときの留意点は，それぞれの個性や違いが表出されるように課題を設定することです。「キャラ弁」でも良かったのかもしれませんが，同年代の仲間が集まっている教室環境では，同じようなキャラクターが何度も出てくる恐れがあります。日本の地方を紹介することを目的とすれば，生徒がそれぞれの視点で事前のリサーチをするので，発表の内容に幅が生まれやすくなります。その結果，全員が仲間の発表を夢中で楽しみながら聞くようになるのです。

# Weekend Plan

### クラスメイトと話し合って
### 週末のお出かけプランをつくろう

---

## ねらい

・週末に自分がやりたいことや行きたいところを決めて，グループ内の
　メンバーに伝える。

・それぞれの要望を踏まえて相談し，グループで1つのプランをつくり，
　他のグループに発表する。

> # *Let's go out with your friends!*
>
> ■あなたは週末に2人の友だちと出かけることに
> 　なりました。
>
> ■しかし時間の都合が合わず，午後1時の集合か
> 　ら4時の解散までの3時間しかありません。
>
> ■限られた2000円というお小遣いの中で最大
> 　限楽しめるプランを考えましょう！

授業で生徒に提示したスライド

---

## 単元の流れ

　授業の冒頭に行う帯活動や，長期休暇の前にチャットやディスカッション
などの代わりに行う。

## 概要

"Weekend" や "Summer vacation" のようなキーワードや，"What do you want to do next weekend?" のような質問文で始めることの多い chat ですが，少し工夫を加えることでタスク化することができる例です。相手の主張をよく聞き，それを踏まえてやり取り（negotiation）する必然性を chat 内に取り入れました。条件に時間やお小遣いの制限などを設けると，生徒が交通手段や料金などを調べるようになるとともに，話し合いの論点を増やすことができます。

## 指導の手順

### 1. 自分が週末にやりたいことや行きたいところを考える

話し合いの前に，まずは自身の希望をノートなどにメモしながらまとめます。この手順がないと，議論の最中に相手に合わせて自分の意見を変えてしまうからです。

条件によっては，インターネットを使って実際の所要時間や必要金額を調べさせても良いでしょう。

### 2. 制限時間を決めて，グループになって話し合わせる

話し合いのゴールは，グループで1つの外出計画を立てることです。まずそれぞれのやりたいことや行きたいところを伝え合います。その後，共有した内容を踏まえて英語で議論をし，条件に沿ってプランを立てます。相手の発言をノートにメモすることも必要でしょう。

ときには自分の意見をおさめて譲歩したり，相手の意見との折衷案を検討したりすることもあるでしょう。ただの「意見交換」とは違うコミュニケー

ションを経験することができます。

　相談が終わった後は，他グループに発表するための準備を進めます。外出プランにタイトルを付けさせることもできます。

## 3. 他のグループに向けて発表する

　自分たちが英語で相談して作成したお出かけプランを，他グループに向けて発表します。他グループは聞くだけでなく，発表者に質問するようにしても良いでしょう。自分のグループよりも楽しそうなプランを立てたグループに投票して best plan を決めさせるようにすれば，聞き手はメモを取りながらしっかり聞くようになるでしょう。

---

### 授業のポイント

---

　単発のタスクというよりも，長期休暇前などに定期的に繰り返し行うことで効果が見えてくる活動です。普段の chat などとは違うコミュニケーションの方法を取らなくてはならないので，はじめのうちは生徒が戸惑うかもしれませんが，複数回にわたって経験を積み重ねることで，譲歩や主張などが上手になっていきます。

　発展的な活動としては，週末のお出かけだけでなく校外学習や修学旅行の計画を立てるといった題材にすることも可能です。また，条件を工夫することでタスクの難易度を調整することもできるでしょう。

# Travel Agents

## 旅行代理店スタッフとして
## 外国人旅行客に最適な行き先を提案しよう

---

### ねらい

・自分が旅行先でしたいことを相手に説明する。

・相手の要望を聞いて，それに適した旅行先を理由とともに提案する。

| Name | Alex Taylor (33 years old) |
|---|---|
| Where are you from? | USA |
| When are you visiting? | the New Year holidays |
| Why are you visiting Japan? | To visit World Heritage Sites |
| What are you interested in? | Walking in nature, fishing, having delicious food |
| Where do you want to stay? | A Japanese-style hotel with hot springs |
| How do you want to travel around? | By bus or train |
| Any special requests or needs | I'll visit Japan with my parents. They are 65 and 62 years old. |

外国人旅行客役の情報カード

**Mt. Fuji**

1. **Tallest in Japan:** It's 3,776 meters high.
2. **Sleeping Volcano:** It hasn't erupted since 1707.
3. **Very Special Mountain:** It's important in Japan.
4. **People Climb It:** Most people climb it in summer.
5. **You Can See It Far Away:** You can see it even from Tokyo on clear days.
6. **Has Five Lakes Around:** They're called the Fuji Five Lakes.
7. **World Famous:** Part of World Heritage since 2013.

旅行代理店役の情報カード

---

### 単元の流れ（全5時）

| 時 | 指導内容 |
|---|---|
| 1〜4 | 教科書本文を聞いたり読んだりすることを通して，観光地や場所を説明する語彙や表現を理解する。 |
| 5 | 旅行代理店スタッフとその顧客になりきって，ロールプレイをする。 |

## 概要

　本活動は，旅行代理店スタッフとその顧客になりきって行うロールプレイ（role-play）です。教科書の登場人物になりきって会話文を暗唱して発表することを「ロールプレイ」と呼んでいるのを，学校現場や研修会で見聞きしたことがあります。しかし本来は，それぞれの役割になりきって，会話の元となる原稿がない状態でタスクを遂行する活動のことを指します。

　今回は，外国人旅行客役の生徒が日本国内の旅行先でしたいことを旅行代理店スタッフ役の生徒に伝え，スタッフに最適な旅行先を提案してもらうという展開です。世界遺産などの観光地を紹介する語彙や表現を教科書で扱った後に実施することで，学んだ表現を活用する場を生徒に提供することができます。

## 指導の手順

### 1. 教科書本文を通して，観光地を紹介する表現を理解する

　場所や観光地を紹介する文章は，どの教科書にも掲載されている一般的なものです。教科書本文を聞いたり読んだりして，観光地などの場所を説明する英語表現を学びます。教科書の登場人物になりきって retelling をすると，表現の定着がより図れるでしょう。

### 2. 情報カードの共有

　本活動では2種類の情報カードを使用します。1つ目のカードは，外国人旅行客のやりたいことなどのプロフィールを記載したものです。旅行代理店に伝える要望などを事前に設定します。1回のロールプレイにつき1枚のカードを手にして，外国人旅行客役の生徒はその人物になりきります。

もう1つは日本の観光地の特徴などをまとめたカードです。旅行代理店スタッフ役を演じる生徒が複数枚のカードを手にします。こちらはカードの形態ではなく，リストの形にして持たせても良いでしょう。

以上の2種類のカードの情報をもとに，ペアになって情報を英語で伝え合います。

## 3. ペアになってタスクに臨む

ペアになって役割を決めることからタスクが始まります。より偶発性を高めたい場合は，役割は機械的に教師が決めてしまっても良いかもしれません。役割が決まったら，それぞれの役割に応じて「情報カード」を配布します。

タスク達成の可否は，外国人旅行客役が自分の要望が伝えられるかどうかと，旅行代理店のスタッフ役が相手の要望を聞き取ってそれに沿った提案ができるかという，双方のコミットメントにかかっています。ペア間にinformation-gap があることから，その gap を埋めるようなやり取りが求められます。

---

### 授業のポイント

---

会話の相手に必要な情報を伝える，または相手から必要な情報を聞き取るといった information gap を活用したタスクです。現実世界では，お互いがもつ情報に差があるからこそコミュニケーションが発生します。裏を返せば，情報に差がない活動はコミュニカティヴではないとも言えます。

今回ここで紹介したアイデアは，教師が「情報カード」を与える手順でしたが，生徒自身で情報カードを準備すれば，より自由度や難易度が高いタスクにすることも可能です。本物の旅行パンフレットを使用することで現実性を高めることもできます。

# Put Pictures in the Story Order

## バラバラになった絵を
## ストーリーの流れに沿って正しく並べよう

### ねらい

・物語を聞いたり読んだりして，その概要を正しく理解する。
・物語の流れに沿って，複数の絵を正しく並べる。

### 単元の流れ（全5時）

| 時 | 指導内容 |
|---|---|
| 1 | 物語文を聞いたり読んだりして概要を理解し，複数ある絵を正しい順序に並べ替える。 |
| 2 | 表現や語彙を確認した後に，改めて物語文を読む。 |
| 3～4 | 物語文の要点を理解するために，話のまとまりごとに文章を聞いたり読んだりする。理解した文章を音読する。 |
| 5 | ストーリーテラーになりきって，並べ替えた絵を用いて読み聞かせをする。 |

## 概要

どの教科書にもいわゆる「読み物」のパートがあります。本活動は，その読み物教材を活用した理解型タスクです。高等学校の教科書にも，物語性の高い文章が1つは掲載されているかと思いますので，ここで紹介する手順や手法は高校でも応用できると思います。

本活動では，聞いたり読んだりした物語文の概要を理解することをタスク・ゴールに設定しました。正しく理解しているということを表出させるために，物語の各場面を描写した絵を正しい順に並べ替えさせます。

個人ワークにもグループワークにもなる汎用性の高いタスクですが，ここでは本文の導入時に教師が流した音声を聞いた後に，絵を正しく並べ替える個人ワークの手順を紹介します。文章が長い場合は聞くことを通して理解させるのは難しいかもしれないので，読むことを通してタスクに取り組ませても良いでしょう。

## 指導の手順

### 1. 題材の導入

物語文のタイトルや作者などの情報を生徒に紹介します。その際，概要を理解するのに支障をきたしてしまうと予想されるものに絞って，新出語句を導入しても良いでしょう。あまり多くの情報を生徒に与えすぎると，生徒自身の力でタスクを遂行する必要性がなくなってしまうので注意してください。

このタイミングで順序をバラバラにした絵を生徒に提示します。それぞれの絵に記号などを振っておくと，物語を聞きながら絵を並べ替える際の補助になるでしょう。

## 2.物語文を聞く

　生徒は物語文を最初から最後まで通して聞きます。概要理解が目的なので，途中で止めたり切ったりしません。ただし，生徒の習熟度に応じて，音声の再生速度をゆっくりにする配慮はしても良いかもしれません。

## 3.絵を話の流れに沿って並べ替える

　まずは個人でタスクに取り組ませます。その後，ペアやグループになってお互いの意見を共有します。その順序にした理由も伝えさせて，正解の確認だけでなく文章理解を深めることにも繋げます。

## 4.正しい順序を確認する

　改めて音声を再生し，絵の順序が正しかったかを教室全体で確認します。絵が描写するパートごとに音声を止め，どの絵を選ぶべきかを理由とともに生徒から引き出します。

---

### 授業のポイント

　前述の通り，理解型タスクには生徒の習熟度に応じて難易度を調整できる利点があります。上記の手順のような概要理解をタスク・ゴールにするのであれば，中学1年生の初期から行うことができるでしょう。もし難易度を上げるのであれば，ペアやグループになって，他のメンバーが読み上げた文章を聞いて絵を並べ替えるタスクにすることもできるでしょう。

　または，手元にある文章を題材にするだけではなく，レシピなどの作業手順を解説する「手順書」を絵とともに生徒につくらせて，発表者はそれを他の生徒に向けて説明し，聞き手は絵を正しく並べ替えるといった応用もでき

ます。

　このタスクの難点は，文章に付帯する絵や写真がないと活動が成立しないことです。中学校教科書にはピクチャーカードが補助教材として付いてくることが多いですが，高校教科書の場合はないこともしばしばです。また，本タスクを通して身につけた概要理解の力を測る考査問題をつくる際にも，同様の問題に直面します。

　そこで力を貸してくれるのが生成 AI です。本稿を執筆している段階で実現可能な範囲では，本タスクに必要な①物語文，②物語の場面を描写する図絵，③文章を読み上げる音声の３つすべてを生成 AI が補ってくれます。次ページからの【コラム】で，概要理解の力を測るテスト問題作成の手順について紹介しましたのでご参照ください。

## 【コラム】生成 AI を活用したテスト問題作成の手順

① 物語文の生成：ChatGPT（https://openai.com/chatgpt/）

まずは以下の指示で物語文を生成します（下図）。

> ✦ GPT-4
>
> T　幼児を対象に、英語で物語文を作ってください。以下の【条件】に従ってください。
>
> 【条件】
> ・長さは200語程度
> ・パートは 4 つに分ける
> ・物語文中で使用する英語のレベルはCEFRのA1以下
> ・登場人物は全て動物
> ・善が悪を懲らしめるという展開

> **Title:** *The Brave Bunny and the Sneaky Snake*
>
> **Part 1: The Sunny Meadow**
> In a sunny meadow, there lived a brave bunny named Ben. He had many friends: Tom the turtle, Dolly the duck, and Mia the mouse. Every day, they played together and had fun.
>
> **Part 2: The Sneaky Snake**
> One day, a sneaky snake named Sam slithered into the meadow. He scared Dolly and took Mia's cheese. "This is my meadow now," said Sam. Ben's friends were scared, but Ben had an idea.
>
> **Part 3: Ben's Plan**
> Ben whispered to Tom and Dolly. "We must work together," he said. Tom nodded, and Dolly quacked in agreement. The next day, Tom carried a mirror. When Sam tried to scare them, Tom showed the mirror to Sam. Sam got scared of his reflection and hissed.
>
> **Part 4: Goodbye, Sneaky Snake**
> Dolly quacked loudly, and all the animals in the meadow came. They circled Sam, making him more scared. "Leave our meadow!" said Ben. Sam slithered away quickly. Ben and his friends cheered. From that day, they lived happily, knowing they were safe and strong together.

　ただし，この文章では語彙などの難易度がまだ高かったので，「物語の中で用いる単語をより易しいものにしてつくり直してください。」と追加指示して生成された文章が次の図です。

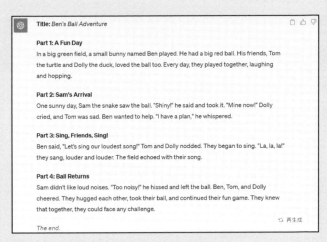

追加指示後に生成された物語文

## ② 図絵の生成：DALL-E 3

続けて，生成された物語文をもとに，画像生成 AI の DALL-E 3 を用いて，次の図のように指示をしてパートごとの図絵を生成します。

筆者が本稿を書いている段階では，画像生成 AI はまだ文字へ対応しきれていないのが現状です。うまく文字が表れない場合は，文字の生成を避けるような指示文を追加しても良いかもしれません。

DALL-E 3 に与えた指示文

DALL-E 3 によって生成された図絵

### ③　音声の生成：ElevenLabs / 音読さん

　リスニングテストを作成する場合は，音声を教員自身の声で吹き込むこともできますし，ElevenLabs（https://elevenlabs.io/）や音読さん（https://ondoku3.com/ja/）といった音声生成 AI の力を借りて音源をつくることもできます。いずれもスクリプトを Web 上にペーストすることで，文字を音声化してくれます。

　この手順に沿って作成したテスト問題がこちらです。

---

問　海外の学校とオンラインで交流することになりました。グループメンバーと協力しながら story telling の準備をしています。あなたは発表用のスライドをつくる担当です。他のメンバーが読み上げる物語を聞いて，友達が描いた（ア）から（エ）の絵を話の流れに沿うように並べ替えて，スライドを完成させなさい。

（ア）　　　　　　　（イ）　　　　　　　（ウ）　　　　　　　（エ）

---

　今回はテスト問題作成という視点で生成 AI 活用事例を紹介しましたが，概要把握の理解型タスクを繰り返し行いたいときの練習問題をつくる際にもこのアイデアは生かせるでしょう。

# The First Take

## 音読を「一発録り」して
## オンライン配信しよう

---

### ねらい

- より良い音読を目指して，繰り返し音読を練習する。
- パソコンで録音した音読を，オンラインでクラスメイトと共有する。

---

### 単元の流れ

　教科書に掲載されている読み物教材などのまとまった英文を扱った後に，自分が納得いくまで繰り返し音読の練習をし，その成果をパソコンで録音してオンライン上でクラスメイトと共有します。

ロイロノート上で作成したデジタル紙芝居

## 概要

　動画配信サイトで話題になっている "THE FIRST TAKE" という企画を
ご存知でしょうか。有名なミュージシャンによる「一発撮り」で収録された
パフォーマンス動画が，配信サイトで公開されているものです。

　これを参考にして考えたのが，生徒自身が音読をパソコンで1回だけ録音
し，オンラインでクラスメイトと共有するという本活動です。チャンスを
「1回限り」にしたのは，緊張感をもって活動に取り組むようになるだろう
と思ったのと，録音前に繰り返し音読練習するための強い動機付けになると
考えたからです。

　また，1つの物語を1人で読み切るやり方もありますが，物語の区切りや
パートごとに読み手を割り振って，輪読のように録音データを繋げる方法も
あります。その際は，各場面を表す絵図（ピクチャーカード）の画像データ
に音声を吹き込んで，「デジタル紙芝居」のような形式にして，グループご
との作品を共有することもできます（左ページ図）。

## 指導の手順

### 1. まとまった文章を読む

　教科書に掲載されている読み物教材などのまとまった文章を読みます。読
んだ後に音読をメインにした活動が控えているので，イントネーションや間
の取り方，強弱などの音読における工夫のポイントなどを考えさせながら読
み進めると良いでしょう。

### 2. 音読練習をする

　全体を読み終えた後，繰り返し音読の練習をする時間を設けます。練習の

前や最中には，音読をどのように工夫すれば読み手に内容がより良く伝わるかを考えながら練習するように生徒に声がけします。

　この段階で，音読を自身で確認するために，練習音声を録音させても良いでしょう。

## 3. 「一発録り」する

　タブレット端末などを用いて「本番用」を録音します。チャンスは1回のみですので，授業内に一斉に取り組ませるのも良いでしょう。生徒が教室内で録音することに躊躇するようであれば，録音を家庭で取り組ませても良いです。また，録音データの共有についても，活動に慣れるまでは控えても良いかもしれません。

---

### 授業のポイント

---

　「音読を言語活動（タスク）と呼べるのか？」という批判的な声が聞こえてきそうですが，読者の皆様はどのようにお考えでしょうか。もちろん文字を音声化したり内容理解を深めたりすることを主目的とする「練習」としての要素が強い音読であれば，それは言語活動ではないかもしれません。しかし，聞き手に思いを馳せて，文章の内容が相手により良く伝わるように読み方を工夫し，まるでストーリーテラーや紙芝居話者のように臨場感あふれる音読をする場面が設定されていれば，それはタスクと考えて良いと筆者は考えます。

　ここでは音読練習の手法について触れることは控えますが，中嶋（2023）の「演読」の取り組みは，本実践にも繋がる示唆に富んだ実践ですのでぜひご参考ください。

# Explanation Game

## ものごとについて英語で説明して
## パートナーを正解に導こう

### ねらい

・ペアになって，スクリーンに投影されたものについて英語で説明する。
・相手の説明を聞いて，何について説明しているのかを答える。

### 単元の流れ

　単元末や学期末などに学習のまとめとして実施したり，これまでに学んだ単語や表現の復習に帯活動として実施したりします。

Q1,

Q2,

スクリーンに投影するスライド例

　既習の単語や表現を復習する活動です。ペアになり，スクリーンに投影されたものを，それを見ていない相手に向けて英語で説明します。実施する学年によって，生徒が説明に用いる語彙や表現が増えていきますので，時期をずらして同じものを説明させることで，学習者自身に成長を実感させることができます。

　このような活動を実施すると，答える側の学習者だけが盛り上がりがちですが，説明する側の学習者が主役だと明示的に伝えることで，双方にスポットライトが当たるようになります。

## 指導の手順

### 1. 教師による模範を示す

　この活動に初めて取り組む際には，事前に教師が説明する側になって，模範を示します。何もスクリーンに映さないままで，教師はあるものについて英語で説明します。説明する前に，文をいくつ言うと予告しておくことで，わかった生徒が答えを言ってしまうことを防ぐことができるでしょう。

　生徒が正答を言ったら，図を見せて再度説明を聞かせます。

### 2. ペアになって活動を行う

　次の図のようなスライドを投影しながら，活動の進め方について説明します。その際，以下の3点について明示します。

■　前後でペアを組む。
■　答える側の生徒は，スライドを見ずに相手の説明を集中して聞く。

■ 説明する側の生徒は，日本語やジェスチャーを使わずに投影されたもの
　を英語だけで説明する。

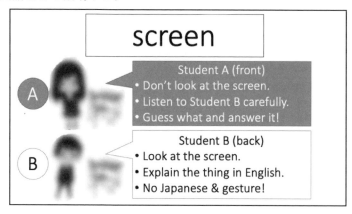

活動の説明をする際に投影するスライド

　この方法で実施する際の留意点は，ゲーム性が必要以上に強まってしまう
ことです。解答時間に制限を設けて，生徒の集中力を引き出すような工夫も
あると思いますが，本活動のメインは「相手にわかるように説明すること」
です。説明する側の生徒の発話量をできるだけ増やすためには，制限時間い
っぱい説明を続けさせ，時間切れになったところで一斉に相手に答えを言わ
せるような流れが望ましいです。

## 3. 答えを確認しながら，説明の際に用いた表現を共有する

　ペア内で答えを確認した後，全体でも正答を共有します。その後，活動中
に生徒が言った文や用いた表現を共有し，個別の学びを全体の学びへと繋げ
ます。その際は，答える側の生徒に表現を言わせるようにすることで，聞い
た文や表現を覚えておこうとする態度を育成することに繋がります。
　共有まで終わったら，①から③までの流れに沿って，役割を入れ替えなが
ら活動を繰り返します。

## **4.**Useful Expressions を紹介する

　前述の流れで活動を終えた後，絵図を説明する上で使えるだろうと想定される既習表現を以下の図のように紹介します。これはスライドではなく板書でも可能です。

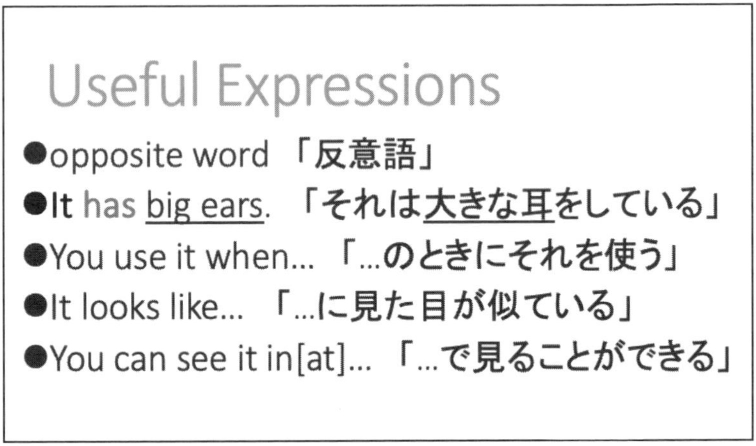

活動後に投影するスライド例

---

### 授業のポイント

---

　学習指導要領の改訂にともない，「扱うべき単語数」が急増したことに頭を悩ませている先生は多いでしょう。語彙学習と聞くと，単語帳を開いて暗記する…という方法をイメージされる方もいるかもしれませんが，ここで紹介した活動も語彙学習の手法の１つです。既習語について説明させる活動を単元末などに設定すれば，教科書で学んだ語彙を復習する良い機会になるでしょう。

## 11

# Reply to Foreign Friend

### メール文の内容を踏まえて
### 海外に住む友達に返信を送ろう

---

**ねらい**

- メール文に書かれている内容を踏まえて，目的意識をもって教科書本文を読む。
- 教科書本文を聞いたり読んだりして得た情報をもとに，質問に対する回答やアドバイスを手紙やメールに書く。

---

**単元の流れ（全7時）**

| 時 | 指導内容 |
|---|---|
| 1 | メール文を読み，相手からどんな手助けを求められているかを理解し，これからの単元の学びに見通しをもつ。 |
| 2～5 | 教科書本文を聞いたり読んだりしながら，第1時に得た視点をもとに必要な情報を読み取る。 |
| 6 | 整理された情報をもとに，質問に対する回答やアドバイスを書いた返信文を書く。 |
| 7 | グループになってクラスメイトと返信文を読み合い，お互いにフィードバックをする。 |

　検定教科書を使わなければならない日本の学校現場の状況を鑑みて，「教科書本文を中心に据えたタスクをどのようにすれば組めるのか？」という問いを，筆者は長きにわたり追究してきました。その末にたどり着いたのが本活動です。

　タスク・ゴールは「質問に対する回答や助言を，メールや手紙に書いて返信する」です。しかし書く内容は，生徒本人の意見や考えだけではなく，教科書本文を読まないと答えられないような内容も含めます。なぜなら単元冒頭に読む海外に住む友達からのメールには，単元を貫く big question が含まれており，その問いに正対していなければタスクを遂行することができないからです。

　ただ教科書本文を読んで終わりにするのではなく，他者からの何かしらの要求があってそれに応えるために文章を読み，相手の望む回答をするという「他者意識」が活動に盛り込まれると，目的・場面・状況がともなう教科書活動にすることができます。

## 指導の手順

### 1. 海外に住む英語話者の友達からのメールを読む

　単元の導入として，英語話者の友達からメールが来たことを想定し，質問や相談を含む英文を読みます（次ページ図）。この「読む」活動を通して，相手がどのような状況にあって何をこちらに求めているかを把握します。この「相手者意識」が教科書本文を読む目的に繋がり，主体的に活動に取り組む姿勢の醸成に寄与すると考えています。

## Unit 2　*Haiku* in English

　継続的にメールでやり取りしているオーストラリア人の David から、次は右のようなメールが届きました。あなたに再び助けを求めています。これまで相談に乗ってきた経緯もあります。また力を貸してあげましょう。せっかくですから、日本人として「俳句」の魅力を伝えてあげてください。

　また、あなただけでなく他の日本人は俳句についてどう思っているのでしょうか？そのことにも触れて David に日本のことをもっとよく知ってもらいましょう。

Dear ○○,

Guess what? Happy news! I finally decided to learn Japanese at school. Your advice helped me a lot. Thank you very much.

Then, my Japanese teacher has already given us a homework. I have to do the research on *Haiku*. Sounds interesting! The research questions are like below:

- ***Find the difference between haiku and English poems.***
- ***Think of the reason why English haiku are popular outside Japan.***

I'm really interested in *haiku*, but I don't know much about them. Please help me!

Your friend,
David

英語話者の友達からのメール文を載せたハンドアウト

## 2. 読む前に自分が知っていること，これから知りたいことを整理する

　上図のハンドアウトを用いて，KWL チャートにこの段階での情報を整理します。K（what I <u>K</u>now）の欄にはもうすでに知っていること，W（what I <u>W</u>ant to know）の欄にはこれから知りたいことをそれぞれ記入します。L（what I <u>L</u>earned）の欄には，これから教科書本文を読み進めていく過程で学んだことや知ったことを書き込みます。

| K | W | L |
|---|---|---|
| what I <u>K</u>now<br>何を知っているか | what I <u>W</u>ant to know<br>何が知りたいか | what I <u>L</u>earned<br>何を学んだか |

## **3.** 教科書本文から必要な情報を得る

教科書本文を聞いたり読んだりする活動を通して，友達のメールに回答するために必要な情報を読み取ります。得た情報は，KWL チャートの L の欄に書き込んでいきます。

### KWL Chart + Opinion

| **What I Know**<br>知っていること（経験したこと） | **What I Want to know**<br>知りたいこと | **What I Learned**<br>学んだこと |
|---|---|---|
| ex)<br>● Haiku is a traditional Japanese poem.<br>● I have written *haiku* last year. | ex)<br>● What are characteristics of English poems? | |

+

Your Opinion (What do you think about *haiku*? Why do you think *haiku* are popular around the world?)

Class 3 – (　) No. (　) Name (　　　　　　　　　)

KWL チャート

## **4.** 返信のメール文を書く

教科書本文を通して得た情報をもとに，友達に返信するメール文を作成します。メールなのでパソコンを用いて書く方が自然なのですが，この後グループになってメール文を読み合いフィードバックする活動があるので，紙上に手書きで取り組ませることもあります。

書き出しや挨拶文などのメールの形式についても，別の単元や活動で生徒に学ばせる必要があります。より自然なやり取りに繋げるためにも，ただ回

答を書いただけの文章にはならないように声がけします。相手の置かれている状況を踏まえた気の利いたコメントをしたり，近況を聞き出すような質問を投げかけられたりするような「相手者意識」を，タスクを通して育んでいきたいものです。

---

## 授業のポイント

「教科書はつまらない」といった言葉を，教員研修会などに参加されている先生方からお聞きすることがあります。果たして本当にそうでしょうか。ここで紹介した活動のように，教科書本文を読まなくてはならない目的・場面・状況を設定すると，「つまらない」と思われがちな文章に命を吹き込むことができます。要は教師の扱い方次第です。

この活動は，高校でこそ活用する価値があるものだと筆者は考えています。得てして教科書本文を読むことだけが目的化しがちですが，「文章を読んだその先」を準備してあげることで，授業に取り組む姿勢に大きな変容が見られるでしょう。

教科書本文を「起承転結」の「承」に置き，タスクや言語活動を「転」に，振り返りや改訂版の作成が「結」に来るように単元の流れを意識することが肝要です。

# 30-sec. Commercial

## 30秒 CM でオリジナルの
## スマホアプリを紹介しよう

---

ねらい

- 生活をより良くするスマートフォンのアプリを発案して，アイコンを作成する。
- 自分で発案したアプリの魅力を多くの人に紹介する30秒コマーシャルを動画に撮る。

---

単元の流れ（全4時）

| 時 | 指導内容 |
|---|---|
| 1 | スーパーロボットに関する文章を聞いたり読んだりして，その内容を理解する。 |
| 2 | オリジナルのスマホアプリについて考え，コマーシャルを撮影する準備をする。 |
| 3 | コマーシャルを撮影し，オンラインで共有する。 |
| 4 | お互いにコマーシャルを見せ合い，良かった点を共有する。その後，良かった点を踏まえてスクリプトを書き直す。 |

中高生にとって必需品になったスマートフォン。日常的に様々なアプリを活用している彼らにとって,「アプリの開発」は刺激的なトピックです。普段から使用しているからこそ,「こんなアプリがあったらいいのにな」という思いを抱いたことはあるはずです。その思いを発信源に,多くの人の生活をより良くするようなアプリを考える機会を設けました。

本タスクでは,アプリの発案だけでなく30秒コマーシャルをアウトプット活動として取り入れました。コマーシャルの時間を制限することで,アプリの良さに焦点を当てて,伝え方を工夫するようになります。

## 指導の手順

### 1.題材の導入

単元で扱う文章はスーパーロボットを題材とするものです。「未来でスーパーロボットは何ができるようになるだろうか?」という問いに対して,登場人物が意見を述べる内容です。この後に続く「アプリの開発」に繋げるために,「スーパーロボットがいたら何をしてもらいたい?」という発問を投げかけて,生徒の創造性を刺激します。

### 2.コマーシャル撮影の準備をする

次ページ図のハンドアウトを用いて,スマホアプリの考案と30秒コマーシャルの準備をします。アプリについては機能を考えさせるだけでなく,その名前やアイコンも工夫するように促します。そうすることで,タスクがより現実性を帯び,生徒がアプリに愛着をもって活動に取り組むようになるからです。

コマーシャルについては，限られた時間で視聴者にインパクトを与えられるような工夫を促します。生徒は，質問から話し始めて聞き手を惹きつけたり，キーワードを繰り返して印象付けたりしていました。

注意点としては，違法性，暴力性のあるアプリはつくらないようにと事前に伝えることです。情報モラルなどに触れられるのも，タスク学習の利点の１つです。

### 30-sec. Commercial: *Introduce Your Original App for Smartphone*

Class 3- (　) No. (　) Name (　　　　　　　　　　　)

TASK

What to do:　　Make a 30-sec. TV commercial to introduce your original app for smartphone.
　　　　　　　　* NG: illegal, violent, immoral apps (cf. online dating, cheating, these maker, etc.)

How to do:　　a) Think of your original app for smartphone.
　　　　　　　　　*What is the name of this app? / What is a feature of this app?*
　　　　　　　　　*What can you do with this app? / Who do you want to use this?*
　　　　　　　　b) Draw an icon for the app to show in the commercial.
　　　　　　　　c) Make the movie and post it on *Flip Grid.*

EVALUATION

* Content:　　　Originality, Creativity, Clear Concept
* Performance:　Drawing the attention, Attracting the interest (Gestures, tone of voice, eye contact, etc.)

--------------------------------------------------------------------

Name of the App:　　　＿＿＿＿＿＿＿＿＿＿＿＿＿＿＿＿＿＿＿＿＿＿＿

Icon of the App:

生徒に配布したハンドアウト

## 3. コマーシャルを撮影する

　本活動では，1人1台端末として生徒に貸与されているタブレット端末を用いて，コマーシャルを撮影しました。動画を用いた発表活動の利点は，生徒が何度も撮影に挑戦し，自分のベストを提出できることです。個人で繰り返し撮影に取り組んでいる生徒もいれば，仲間にカメラを持ってもらいながら協力して撮影している生徒もいます。

　生徒は，撮影したコマーシャルを Flip というオンライン動画共有サービスに提出します。Flip 上では，テロップを入れたり背景を変えたりすることもできるので，メッセージをより効果的に伝えるための工夫として取り入れている生徒もいました（下図）。

Flip 上での CM の様子

## 4. クラスでコマーシャルを共有する

　生徒は Flip 上で，クラスメイトの30秒コマーシャルをお互いに見ることができます。対面の発表活動のときと同じく，生徒はお互いのパフォーマンスから良い点を学びます。

## 5. クラスメイトから学んだことを生かして「最終原稿」を作成する

　仲間のパフォーマンスから学んだことを生かして，自分の発表原稿を書き直します。

---

### 授業のポイント

---

　スマートフォンやタブレット端末の可能性は無限大です。生徒たちは，想像性を生かして創造的にアプリを考案します。「多くの人の生活がより良くなるためのアプリを開発しよう」と促すことで，世の中の人が抱いている困り感に思いを馳せるきっかけをつくり出すことができます。

　また，30秒コマーシャルという「枠」があることが，生徒の創造力を引き出すことにも繋がります。限られた時間の中で効果的にメッセージを伝える技術は，この活動を越えた汎用的なスキルです。このような言語スキルを身につけさせることができるのもタスク学習の利点です。

# Plan Your Original Charity Event

## チャリティーイベントを企画して
## オンライン広告を作成しよう

### ねらい

・多くの人に参加してもらえるような，魅力あるチャリティーイベント
を考える。
・自分で立案したチャリティーイベントをオンライン広告にまとめる。

### 単元の流れ（全6時）

| 時 | 指導内容 |
|---|---|
| 1〜4 | 教科書本文を理解することを通して，他者を助けることについて考えたり，チャリティーイベントの意義や目的について理解したりする。 |
| 5 | チャリティーイベントを考え，オンライン広告を作成する。 |
| 6 | オンライン・プラットフォーム上でオンライン広告を共有し，参加したい気持ちにさせられた広告を選ぶ。 |

## 概要

　教科書が本単元で扱っている big question は「困っている人をどのように助けられるか」という抽象的な問いです。本タスクを実施する中学２年生の中頃は，話題が身近なものから社会的なものへと移行していく時期でもあり，生徒が課題を自分ごととして捉えるようにするためには，課題の「現実性」（real-worldness）（松村，2017）を高めることが大切です。そこで本活動では，人助けの方法をチャリティーイベントに絞り，多くの人を惹きつけるような企画を立案し，その内容を紹介するオンライン広告をつくるという具体的かつ現実性の高い課題を設定しました。

## 指導の手順

### 1. 教科書本文を通して，題材への理解を深める

　話題が社会的なものになればなるほど，生徒に題材を自分ごとにしてもらうような指導の工夫が必要となります。本活動では，教科書内容の理解を促す発問の中に，生徒自身の価値観や考えを引き出すような評価発問を意図的に取り入れることで，彼らの興味や関心を引き出す工夫をします。

### 2. 「どのような支援が，誰に必要なのか」を考える

　人助けをしていたとしても，その取り組みが的外れでは支援の意味や意義がなくなってしまいかねません。そこでまずは，"Who needs your support?"という問いに対するブレインストーミングをクラス全体で行いました（右図）。

その後，①イベント名，②開催目的，③実施場所，④開催時期，⑤イベントで行うこと，の5つの視点を与えてから準備に臨みます。

## 3. オンライン広告を作成する

今回の活動でポスターを紙ではなくオンラインにしたのも，タスクの現実性を意識してのことです。ICT 化が進んだ現代社会で私たちが日常的に目にする広告は，紙媒体からデジタルへと形態が移行しています。生徒が社会に向けて将来的に何か発信する際に用いる手法もデジタルである可能性が高いでしょう。

また，文部科学省の推進する GIGA スクール構想により，全生徒がタブレット端末を手元に置いて授業を受けています。タブレット端末を筆記用具のように扱う彼らにとって，デジタルでアウトプットすることはハードルの高いことではなく，むしろ日常的なことなのです。

今回の活動ではデジタルの特徴を生かして，広告を1枚のポスターにまとめるとともに，そこに音声を吹き込むようにし，紙面と音声とで伝えるべき情報を精査するように工夫させます。

## 4. オンライン発表会

生徒は自身が作成した広告をオンラインで提出し，ロイロノート上で共有しました（次ページ図）。音声も入っているので，生徒はタブレットにヘッドセットを繋げて，発表会を楽しみました。どのオンライン広告も見た目だけでなく内容も素晴らしく，「これはすごい！」「参加してみたいなぁ」と声をもらす生徒もいました。

オンライン広告の共有

---

## 授業のポイント

---

　デジタルでアウトプットすることの利点の1つは，視覚と聴覚の両方を活用する「技能統合型言語活動」がオンラインで実現可能なことです。本実践のように，視覚と聴覚の効果的な活用法について考えさせる機会を設けることができます。

【参考資料】
高杉達也「チャリティーイベントを企画してオンライン広告を作成しよう～「タスク」の要素を授業に～」『教育情報誌 学びのチカラ e-na!! vol.4（中学校版）』教育出版（2023）

# Book Recommendation

## 洋書を読んで
## その本を推薦するポスターをつくろう

### ねらい

・多読を目的に，学習者用につくられた洋書を読む。
・読んだ本の内容や良かった点を紹介する推薦ポスターをつくる。

---

### 単元の流れ

長期休業中の課題として，学習者用につくられた Graded Readers などを生徒は読み，その内容や感想などを書いた推薦ポスターを作成します。

生徒が作成した推薦ポスターの例（1）

## 概要

　生徒が英語を習得するためには，教科書に掲載されている量の英語に触れているだけではまったく足りません。そこで，長期休業を利用して「多読」に取り組ませて，インプット量をできるだけ増やせるようにしています。

　しかし，せっかくそれなりの量を読んだのに，個人だけに学びが留まってしまうのは非常にもったいないです。そこで，読んだ本を内容とともに感想も添えて紹介するポスターをつくるという活動に繋げました。世の中には「書評」を通して本を多くの人に知ってもらうという営みがありますが，そのような取り組みを想定して活動を設定しました。

## 指導の手順

### 1. 多読に取り組む

　長期休業中に，生徒は多読に取り組みます。教師が選んだ同じ本を全員が読むという方法もありますが，筆者は読む本を生徒に選ばせることが多いです。推薦される本が多岐にわたっていた方が推薦ポスターを読む目的にも繋がりますし，他の生徒と違う本を読むことでその本を読む意義を生み出すことにもなるからです。

### 2. 推薦ポスターをつくる

　推薦ポスターをつくるところまでが長期休業中の課題です。ポスターを見た人がその本を「ぜひ読みたい！」と思ってくれるような作品をつくることがタスク・ゴールです。

　ポスターには内容やおすすめのポイントを紹介する文章だけでなく，その本の魅力を伝えるような絵も適宜活用するように促します。

## 3. ポスターセッションを開催する

　長期休業明け，生徒は自身が読んだ本とそれを推薦するポスターを持ち寄って，ポスターセッションに参加します。教室中に掲示されたポスターを見ながら，それに対するコメントや質問を付箋に書いていき，ポスターに貼っていきます。

---

### 授業のポイント

---

　キーワードは「インプットで終わらせてはもったいない！」です。それぞれが異なる本を読んで，多種多様な読書経験をしたわけですから，その "gap" を次の学びに生かさない手はありません。「点と点」になりがちな学びを「線で繋ぐ」ことで，生徒のいきいきする学びが成立します。

　これを意識して活動を組み立てようとすると，「読んだものについて書く」「聞いたことを話す」といった技能統合型タスクをつくり出すことができるようになります。タスクの「リアルさ」を追究する上でも，技能統合の視点は欠かせません。

　教室外で私たちが日々取り組んでいるタスクは技能が統合されているものばかりです。電話で聞いた情報を他の人に伝えるためにメモしたり，連絡黒板に書いてあることを終礼で全体に連絡したり，複数の技能が繋がっていなければ達成できないタスクで日常生活が成り立っています。授業となるとどうしても忘れがちな視点ですが，「生きて働く知識・技能」を育成する観点でも，いつも意識しておきたいものです。

# A Christmas Carol

An old man, Ebenezer Scrooge is this story's hero. He always thought about only business. He was cross, miserable and mean. People didn't like him, also he took no interest in other people. One Christmas Eve, He was enraged by his nephew who visited to celebrate Christmas. Scrooge said,
"Christmas is humbug!"
That night, his long-dead partner, Jacob Marley came to his house and said,
"Three spirits will come to visit you."
The past's trip, present's trip, future's trip with spirits changed Scrooge's heart.

This book gives me one hope, everyone has a chance to change. He could know about himself and other people by the three spirits, but maybe they won't come to our house. We have to think about ourselves and other people through our every day lives. I want to consider and respect people, like after Scrooge met the spirits.

生徒が作成した推薦ポスターの例（2）

128

# English Haiku
## 英語で俳句を書こう

### ねらい

・英語俳句を書く。
・クラスメイトの英語俳句を読んで，書き手に感想を伝える。

### 単元の流れ（全6時）

| 時 | 指導内容 |
|---|---|
| 1 ～ 4 | 教科書本文を聞いたり読んだりすることを通して，英語俳句についての理解を深める。 |
| 5 | 英語俳句をつくり，オンライン上で共有する。 |
| 6 | クラスメイトの英語俳句をお互いに読み合い，読んだ感想を書き手に伝える。 |

世界に誇る日本文化の１つである俳句は，「英語俳句」という形で英語圏でも親しまれるようになっています。今回はどの学年や習熟度の生徒でも取り組めるように，syllable（音節）の縛りを設けない「３行詩」としての英語俳句を創作する活動を紹介します。英語俳句に慣れていくにつれて，音節や季語などの俳句特有のルールを取り入れていけば，タスクの難易度を高めていくことができます。

俳句をつくる前には，教科書本文を通じて英語俳句が海外で親しまれるようになった背景などについて知ることで，より豊かな学びとすることができます。いきなり書かせるのではなく，生徒の創造性を刺激するような導入や準備を工夫することも大切です。

## 指導の手順

### 1.英語俳句の導入

英語俳句に関する文章を聞いたり読んだりして，日本の俳句と海外の英語詩の違いや，英語俳句の書き方などについての理解を深めます。英語圏に住む方が実際に書いた英語俳句を紹介することで，日本文化の海外への広がりをより身近に感じることができるはずです。

### 2.英語俳句をつくる

英語俳句をつくる際には，テーマを設けることもあればそうでないこともあります。自由に書かせる際には，他の授業に迷惑にならない範囲で，校内を歩かせながらつくることで，創造性のあふれる作品が生み出されることもあるでしょう。

ここでは，卒業間近の時期に実施した"Thank you Haiku"の活動を紹介します。これまでにお世話になった「モノ」に感謝の気持ちを伝える英語俳句です。より創造性が高い活動になることを期待して，その対象の名前を直接的に表したり"Thank you."などの直接的な感謝の表現を使ったりしないように制限を設けました。授業日の前週に，紹介したい物の写真を撮ってくるように指示し，授業当日は俳句の作成に専念させました。作品を手書きでつくることもありますが，今回は写真に英語俳句を添える形でつくることにしたので，パソコンを用いることにしました。

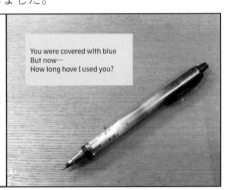

the chosen one was Lady worker
scraped by the way I walk
you've done a good job so far

You were covered with blue
But now—
How long have I used you?

生徒が作成した Thank you Haiku の例

## 3. お互いの作品を共有し，読んだ感想を伝え合う

　パソコンでつくった Thank you Haiku を，ロイロノート上で共有します。感謝の気持ちが画面上に満たされ，これまでの学校生活を振り返る良い機会になりました。

　クラスメイトの作品を読んだ後には，お互いに感想を伝え合う時間を設けました。思いの詰まった作品からはたくさんの刺激を受けるようで，共感のコメントや質問のやり取りなどがされていました。

## 授業のポイント

　日本の英語教育に足りない要素の1つが creative writing です。意見文やエッセイを理路整然と書くだけでなく，詩や物語を書くといった「創造的に書くこと」も立派な writing 活動です。もっと現場で実践されて良い分野だと考えていますが，自由であるがゆえに指導が難しいと思い避けられている傾向があるのも否めません。

　今回紹介した英語俳句は，そのような状況を打破する可能性を秘めた活動です。たった3行で自分の思いや考えを発信できるというのは，英語があまり得意でない生徒にとっても取り組みへのハードルを下げるポイントになるのではないでしょうか。

　また，授業内活動を学校外に発信する仕掛けとして，「伊藤園お～いお茶新俳句大賞」の英語俳句の部に応募することを，筆者は継続的に取り組んでいます。学びを校内に留めずに校外と繋ぐことは，今後より一層大切にしなければならない視点です。

　本実践ではパソコンを用いて創作活動を行いましたが，もちろん手書きならではの絵や文字の配置を工夫した活動にすることもできます（下図）。

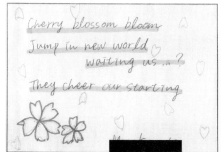

手書きで作成した英語俳句の例

( 16 )

# Discover Japan

## 日本文化を紹介するパンフレットをつくろう

### ねらい

・海外の人に日本の魅力を知ってもらうために，日本の文化を紹介する記事をつくる。
・クラスメイトが書いた記事を読んで，書き手に感想を伝える。

### 単元の流れ（全3時）

| 時 | 指導内容 |
|---|---|
| 1 | 日本文化を紹介する文章を読んで，文章の構成や使われている表現・語彙について理解する。 |
| 2 | 日本文化を紹介する記事をつくる。 |
| 3 | 書いた記事をクラスメイトと共有し，書き手に感想を伝える。 |

## 概要

　日本に来る外国人旅行客の数が増えています。さらに多くの方に来日していただき，日本をより活気付けたいです。日本の文化は海外から人気があり，多くの方が興味や関心を持っていると聞きます。生徒が将来，海外と関わりをもつことがあれば，日本のことについて相手に尋ねられる機会もあるでしょう。

　本活動では，生徒は日本文化に関する記事を書き，それらを集約してパンフレットをつくることをタスク・ゴールとしています。完成した冊子を，ALT に見てもらって感想をいただいても良いかもしれません。

## 指導の手順

### 1. 題材の導入

　日本文化を紹介する短い文章を読み，文章の構成や使われている表現などについて学びます。行事や物を説明する際に用いる英語表現について知るとともに，日本のことを説明する際によく用いられる語彙を学びます。

### 2. 何を紹介するかを検討する

　クラスで 1 冊のパンフレットを作成するので，紹介するものができるだけ重複しないようにします。個人でいくつか候補を挙げさせて，重なってしまった場合は相談して調整します。

　紹介するものが決まったら，マッピングを用いてノートで情報を整理させます。マッピングでアイデアがまとまったら，文章の構成を意識させてから記事を書き始めます。

## 3. 記事を作成する

　スライドショー作成ソフトを用いて記事を作成します。スライド1枚に収めて記事を作成することで，全員のスライドを取りまとめて容易にパンフレット化することができます（次ページ図）。

　日本の文化をよく知らない海外の方にも理解してもらえるように，丁寧に説明するのはもちろん，絵や写真などの視覚補助も用いて良いこととします。

## 4. クラスメイトと記事を読み合い，互いに感想を伝え合う

　オンラインに提出されたクラスメイトの記事を読み，互いに感想を伝え合います。良かった点はもちろん，わからないことや知りたいことについて質問しても良いでしょう。

---

### 授業のポイント

---

　本タスクのポイントは2つあります。1つ目は「違い」を意図的につくり出すことです。紹介する日本文化を決める際に，重複をできるだけ避けるようにしたのはこのためです。日本文化を紹介すると，つい同じような内容が多くなってしまいがちです。しかし読み手の視点に立つと，多様な記事を読めた方が楽しいですし学びが深まります。これは生徒にも言えることで，様々な文章を読んだ方が豊かなインプットに繋がります。

　2つ目は，成果物を実際に活用できる可能性があることです。前述の通り，ALT に見てもらって感想を述べてもらうこともできますが，もし海外からのお客様を学校にお迎えする機会があれば，本タスクで作成したパンフレットをおわたしすることができるでしょう。学びが実世界に繋がるチャンスです。

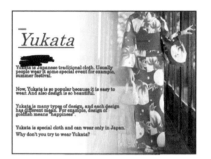

## Yukata

Yukata is Japanese traditional cloth. Usually people wear it some special event for example, summer festival.

Now, Yukata is so popular because it is easy to wear. And also design is so beautiful.

Yukata is many types of design, and each design has different mean. For example, design of goldfish means "happiness".

Yukata is special cloth and can wear only in Japan. Why don't you try to wear Yukata?

## Dotyo 同調

Have you ever felt "Dotyo"? Dotyo is one of the most famous Japanese spirit. It means "sympathy". This spirit always be compared to westerners.

Most Japanese prefer majority to minority and they feel anxiety when they are minority. So they sometime change each own opinion to conform to others.

Perhaps, you feel some differences between Japanese spirit and your country's. good luck!

### Karuta

Karuta is kind of card game adopting Hyakunin-isshu. Hyakunin-isshue is collection of 100 tanka poems by 100 famous poet.

We use reading card and playing card. We lay out the playing card on tatami mats and take a card which was read by reader. Basically, who has the must number of card is winner.

Competitive karuta is a famous and popular sports in Japan, because of a manga, Chihayafuru. Reading it is good way to know about karuta.

## Sensu

Sensu is a Japanese traditional fan. It is made of a wood frame and paper. We can bring it easy because that can be folded. It have used for more than thousand years.

## Hozuki-ichi

- Hozuki-ichi is an event that means Japanese Lantern Plant Fair.
- This event is held every year on July 9th and 10th at Sensoji temple.
- If you pray on July 10, you can get 46,000 days' worth of blessings, so this is a special day. Over 100 stalls are set up to sell hozuki.
- It may be fun to look many hozuki !

## Doll Festival

Japan's Doll Festival is held on March 3rd every year. It's called "Hina-matsuri" or "Momo-no-sekku" in Japanese.

It's the day when we hope for the growth and happiness of young girls. Families with young girls display dolls called "Hina-ningyo". It seems to have began in the Edo era about 400 years ago. They eat a traditional food called "Chirashi-zushi".

When I was little young ,I ate Chirashi-zushi with my family every year, and it was very excited. Also there are many Doll Festival events in Japan. A lot of Hina-ningyo are displayed at the events. Why don't you go?

生徒の作品例

## 17

# Introduce Japanese Local Cuisine
## 日本のローカルフードを紹介しよう

### ねらい

・日本のローカルフードを海外の人に知ってもらうためにスピーチをする。

### 単元の流れ（全3時）

| 時 | 指導内容 |
|---|---|
| 1 | 日本文化を紹介する文章を読んで，文章の構成や使われている表現・語彙について理解する。 |
| 2 | 教師によるモデルスピーチを見た後に，スピーチの準備をする。 |
| 3 | クラスメイトと ALT の前でスピーチをする。 |

## 概要

　てんぷらや寿司は多くの海外の方が知っている代表的な日本食です。しかし，日本にはまだ海外ではあまり知られていない美食がたくさんあります。「Ｂ級グルメ」が流行った時期がありました。高級でなくてもおいしい日本ならではの食べ物は，ぜひ外国人旅行客にも試してほしいものです。

　本活動では，「隠れた日本の美食」を海外の方に知ってもらうためにスピーチをします。外国人旅行客に，有名な観光地だけでなくローカルな街に行ってもらえるきっかけを与えられるかもしれません。

## 指導の手順

### 1. 題材の導入

　日本文化を紹介する文章を読み，文章の構成や使われている表現などについて学びます。

### 2. 紹介する食べ物を検討する

　生徒の創造性を刺激するために，「海外の方にあまり知られていないけれどもおすすめしたい食べ物を紹介しよう」と発問を少しひねります。パソコンを用いてＢ級グルメを紹介するサイトを見たり，社会の資料集や地図帳を見て郷土料理について調べたりします。

### 3. スピーチ原稿を作成する

　紹介するものが決まったら，マッピングを用いてノートで情報を整理させます。マッピングでアイデアがまとまったら，文章の構成を意識させてから

記事を書き始めます。

　今回のスピーチで紹介する食べ物は海外の方には馴染みのないものになることが多いです。食べ物についてわかってもらう工夫として，視覚的な補助を使うことを推奨します。写真や実物を提示しながらスピーチすることで，show & tell の要素を取り入れることもできます。

## 4. ALT とクラスメイトの前でスピーチする

　今回の発表は，日本に住んでいる ALT にとっても驚きの多いものだったようです。自分の紹介した食べ物を知った ALT のリアクションを見て，発表した生徒はとても喜んでいました。生徒同士も，自身で調べたローカルフードについて共有できたことが楽しかったようで，思っていた以上に盛り上がる活動でした。

### 授業のポイント

　今回のタスクのように，海外の方にスピーチすることを想定はしているものの，実際にはクラスメイトの前でパフォーマンスをするという状況は，日本の EFL 環境では往々にして起こり得ることかと思います。こうしたタスクの「リアルさ」(authenticity) の問題について加藤（2022）は，タスクに取り組むときに必要な認知プロセスが「やり取りのリアルさ」(interactional authenticity) を備えていれば，タスクでのやり取りそのものは抽象的なレベルでは「リアルだ」と言えるとしています。一見不自然なタスク状況になってしまうことはあるかもしれませんが，生徒の学習過程や認知プロセスがどのようになっているかまで見取ることが必要であると示唆しています。

# Discussion:
# What is the Benefit of Learning Foreign Languages?

## 外国語を学ぶ利点は何だろう？

### ねらい

- 教科書題材に関する内容について，グループになってディスカッションする。
- 自分の意見や考えを主張しつつも，相手の意見を聞いたり質問したりしながら会話を続け，ディスカッションの結論を導く。

### 単元の流れ（全4時）

| 時 | 指導内容 |
| --- | --- |
| 1〜3 | 教科書本文を理解することを通して，外国語を学ぶ意義について考える。 |
| 4 | グループになって，"What is the benefit of learning foreign languages?" という問いについて英語でディスカッションする。 |

# 概要

　学習指導要領が改訂されて新たに設定された領域である「話すこと［やり取り］」。筆者が中高6年間の最終ゴールとして掲げているのが，英語ディスカッションです。中学校段階からチャットやディベートなどのやり取りを積み重ねていき，社会的な話題について英語で議論することができる力を育んでいきます。

　ディスカッションといっても，意見や考え，情報を共有するといったブレインストーミングの要素が強いものから，相手の提案を受けてより良いものをつくり上げていくようなものまで多岐にわたります。本活動で筆者がゴールにしたのは，「話し合いの結論を1つにまとめる」ことです。それぞれが意見や考えを持ち寄って議論し，お互いに主張したり妥協したりしながら，グループにおける最適解をつくり上げるようなディスカッションです。

　本活動では，教科書本文の題材と絡め，中高6年間の英語学習の総まとめにふさわしい「外国語を学ぶ意義」をトピックにディスカッションします。教科書本文を読んで思考を深め，必要に応じてリサーチをした後にディスカッションに臨みます。上記のタスク・ゴールに至るために，下図の①から⑤のスキルを育む帯活動を単元の冒頭から積み重ねました。ただ主観的に意見や考えを述べるのではなく，それを支える客観的な情報を付け加えるとともに，話し相手の意見や考えも踏まえた上で議論を進めるように促します。

## What is *"the benefit"* of learning foreign languages?

- **Try to reach the conclusion in time, discussing with the members.**

Today's point: ⑤ Reach the conclusion

④ Quote from the passage
③ Reflect the ideas of the partners
② Add new ideas
① Keep discussing

単元冒頭から提示したスライド

## 1.教科書本文を通して，題材への理解を深める

　高校３年生にもなると，教科書本文はかなりの長さになり，内容も複雑になります。外国語を学ぶ意義について多角的に考えるために，教科書本文を読んで思考を深めます。

## 2.自身の意見や考えを整理し，ディスカッションの準備をする

　ディスカッションに向けて，自身の思考を整理する時間を設けます。個人の意見や考えの説得力をより高めるために，教科書本文から引用したり調べた情報を付け加えたりするように促します。このタイミングで右図のスライドを提示し，どのような準備が必要なのかを生徒に意識させます。

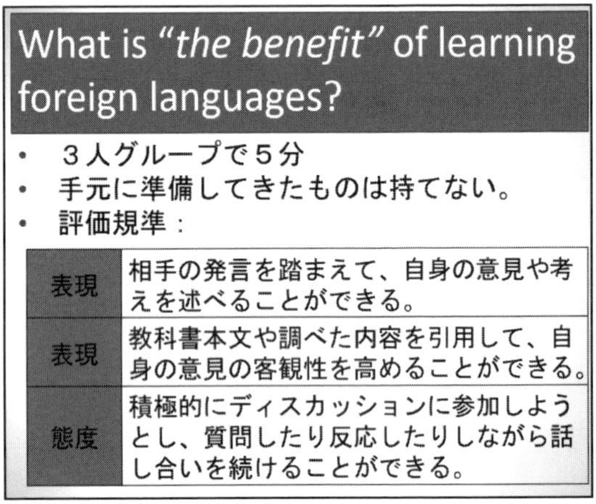

> ## What is *"the benefit"* of learning foreign languages?
>
> - 　３人グループで５分
> - 　手元に準備してきたものは持てない。
> - 　評価規準：
>
> | | |
> |---|---|
> | 表現 | 相手の発言を踏まえて、自身の意見や考えを述べることができる。 |
> | 表現 | 教科書本文や調べた内容を引用して、自身の意見の客観性を高めることができる。 |
> | 態度 | 積極的にディスカッションに参加しようとし、質問したり反応したりしながら話し合いを続けることができる。 |

準備時間中に提示するスライド

## 3.ディスカッションする

　本活動では，以下の形式でディスカッションします。

■　ディスカッションする３人１組は活動当日にランダムに決める。
■　生徒は自分たちの順番がきたら，メモ用紙と筆記用具だけ持って，別室

へ移動する。
■ メンバーのうち1人は，議長
　（moderator）の役割を担う。
■ 英語で5分間ディスカッショ
　ンし，グループの結論を導く。
■ ディスカッション後，議長は
　1分間でグループの結論を教
　師に向かって発表する。

生徒がディスカッションしている様子

## 4. レポート文を書く

　ディスカッションが終わった生徒から，話し合った内容を踏まえてレポート文を書きます。

---

### 授業のポイント

---

　ディスカッションやディベートは，5領域すべてを網羅する領域統合型の活動です。それだけでなく，議論の流れを相手の発言を受けて調整したり，自らの発言内容を検討し直したりするような即興性の高い「思考力，判断力，表現力等」が求められる活動でもあります。そのため，この活動を何の準備もなしに取り入れるのは避けるべきです。高校3年生でこの活動を成立させるために，中学校段階からどのような学習を積み重ねていけば良いかを慎重に考え，Backward Design（CHAPTER 3 − 2参照）で長期的な指導計画を立てることが不可欠です。

# 5

## CHAPTER

授業の枠を超えた
英語教育の可能性

# 01

# 【外部連携型】
# 感謝の気持ちを込めてクリスマスカードを送ろう

　手紙やメールを英語で書く活動は，どの中学校の検定教科書でも扱われている一般的なライティング活動の１つです。しかしその多くは「海外に住む友達」や「ホストファミリー」といった架空の相手に書くという状況設定に留まっています。言語活動に目的・場面・状況を設定するためには，こうした imaginary friends に登場してもらわなくてはならないことがあるのは筆者も経験上よく理解しています。しかし，生徒の発達段階が上がるにつれて彼らも現実的になってきますので，ワクワクした気持ちで活動に臨めなくなってくることもあるでしょう。

　そういった状況を打破するために筆者が取り組んだのは，「実在する人へ手紙やメールを書く」という活動です。筆者の勤務校では，全生徒が NHK ラジオ英語講座『中学生の基礎英語』を聞いています。この活動に取り組む 12 月という季節感も踏まえて，「基礎英語の先生に，この１年間の感謝の気持ちを伝えるクリスマスカードを送ろう」という活動を設定しました。

## クリスマス文化について学ぶ

　クリスマスカードを作成する前に，異文化について学ぶ機会として，ALT に自国でのクリスマスについて話してもらいました。日本のクリスマス文化と異なる点が多かったようで，生徒は興味津々で話を聞いていました。話してもらった後には，生徒はグループになって質問を考え，クリスマス文化についての理解を深める時間としました。

## クリスマスカードをつくる

　クリスマスについての理解を深めた後,『中学生の基礎英語』の先生に向けてクリスマスカードをつくることを生徒に伝えます。つくったカードは実際に送付すると伝えると,生徒の熱気は急上昇しました。言語活動に「レアリア」(中嶋, 2023) の要素が加わると,生徒のワクワクが一気に加速するのだということを目の当たりにした瞬間でした。

　作成したクリスマスカードは,各自がタブレット端末で写真を撮ってロイロノート上にアップロードし,クラスで「お披露目会」を開催しました。

## 生徒の「生きた言葉」を引き出す工夫

　本活動のような創造性の高い活動をすると,英語があまり得意でない生徒でも活動に積極的に取り組んでくれるようになります。デザインやイラストで勝負する生徒や,シンプルな英語でも熱意が伝わるようにメッセージの内容にこだわる生徒など,それぞれが課題を「自分ごと」にして創作に取り組みます。実在する読み手がいるからこその効果と相まって,活動に命が吹き込まれました。

　そして何よりも,生徒の「生きた言葉」がカードには書かれていました。「お世話になった『中学生の基礎英語』の先生に感謝の気持ちを伝えたい」という思いが言葉に乗り移っているのがどのカードからも伝わってきました。コミュニケーションの相手がいてこその「言葉」ですから。

生徒が作成したクリスマスカード

# 02

# 【総合学習型】
# 自作英語絵本の読み聞かせ交流会

　筆者の勤務校は長年にわたって「総合学習研究」を推進しています。学習指導要領の改訂のポイントを踏まえて，近年では「言語活動の充実」，「主体的・対話的で深い学び」，そして「探究的な学習」にそれぞれ焦点を当てた内容で研究し，その成果を本校が毎年開催する研究協議会で報告をしてきました。現在は，第1学年で情報リテラシー学習を，第2，3学年でテーマごとに分かれたコース別学習を展開する構成となっていて，本実践は第3学年のコースの1つとして開講された通年コースでの取り組みです。

　本コースでは児童文学を題材として採用し，受け手としてだけでなく，発信者としても児童文学に親しんでもらおうと思い，以下の2つの目標を設定しました。

---

・童話や物語の背景にある，本質的なメッセージや教訓を読み取る素地を身につける。
・「児童文学」の手法を参考にして，自分の思いや考えを効果的に相手に伝える素地を身につける。

---

　以上の情報伝達の面に関する目標とあわせて，本実践では非認知能力の育成についても意識しました。そのうち特に「共感性」に焦点を当て，児童文学に触れた結果，生徒にどのような変化があったかを検証しました。

　年度末には，児童文学について学んだ成果を発表する場として，「自作英語絵本の読み聞かせ交流会」をゴールに設定しました。本校の系列校である附属小学校の3年生にご協力いただき，聞き手を意識しながら物語を読み聞

かせるという場を設け，１年間の学びのまとめとしました。

---

## 絵本づくりに至るまでのプロセス

---

　年間の最終ゴールを「自作絵本の読み聞かせ」に設定したものの，絵本づくりはそう簡単にはいきません。絵本づくりに向けた基礎力を養成するとともに，本コースの目標でもある「児童文学への理解を深めること」を達成するために，以下のような取り組みを積み重ねました。

■ "Your Life, My Life"

　木村（2004）の取り組みをヒントに，絵本作成のきっかけとなる発想やアイデアを掴むアンテナの感度を高める活動を行いました。「この１週間で気づいた面白いこと」を文字化して，ロイロノート上で共有する活動です。

■ 3 -min. Instant Writing

　教師から提示されたトピックについて，即興で３分間の英語ライティングをする活動です。英語表現の幅を広げ，英語で書ける量を増やすことを目的としました。

■ QFT（Question Formulation Technique）を活用した「質問づくり」

　創造的な活動に欠かせないのが，自ら問いを立てる力です。『たった一つを変えるだけ　クラスも教師も自立する「質問づくり」』（ダン，et al.，新評論，2015）を参照し，QFT（Question Formulation Technique）を通して，協働しながら学習者自らが問いづくりを行って探究を深めていく力の育成を図りました。

■ 国際子ども図書館訪問

　東京都台東区上野公園にある国際子ども図書館を訪問し，児童文学に対す

る理解を深めるとともに，生徒の想像力や感受性を刺激して創作意欲を高めるような時間を設けました。

---

## 絵本の創作

　絵本の作成期間は約３か月にわたりました。個人で取り組むか複数人で協働するかは生徒の判断に委ねました。小学３年生に向けて英語で読み聞かせることを踏まえて文章を考えるように工夫したことで，生徒の英語力が創作する上での障壁にならないようにしました。紙芝居をタブレット端末で作成することも許容し，表現方法を自由に発想できるようにしました。

　生徒が作成した作品の題材は多岐にわたっており，以下のようなものが発表されました。

- ■　動物の鳴き声をクイズ形式で聞き手に投げかける絵本
- ■　言葉の繰り返しを工夫して聞き手を惹きつける形式の紙芝居
- ■　「友情」をテーマにした道徳的な内容のデジタル紙芝居
- ■　二人がそれぞれに絵本をつくりつつも，話に繋がりをもたせる工夫をした絵本

生徒が作成した絵本

## 読み聞かせ交流会

　冬休みを挟んだ１月に，附属小学校を訪問して読み聞かせ交流会を実施しました。３つのグループに分かれた小学生を前に，自分たちがつくった絵本や紙芝居を感情を込めて読み聞かせます。

　小学３年生はまだ外国語活動が始まって間もない時期です。読み聞かせの使用言語は英語が中心ではありますが，物語を聞いて理解してもらうために，必要に応じて日本語を用いる工夫をしている生徒もいました。日頃の英語授業で培ってきた「感情を込めて音読する力」を発揮した，聞き手を物語の世界に引き込むような豊かな読み聞かせになっていました。その成果もあって，小学生からは相槌や笑い声などの反応が返ってきており，読み手である中学生は手応えを感じていたようです。

生徒が小学生に自作絵本を読み聞かせている様子

# 03

# 【地域連携型】
# 外国人旅行客に観光地を紹介しよう

　学校からほど遠くない場所に位置するとある外資系ホテルから,「一緒に教育プログラムを企画しませんか」とご提案いただき実現したのが本プロジェクトです。「ホテルに宿泊する外国人旅行客に英語で観光案内をする」という,授業で学んできた英語を活用するにはこの上ないお話でした。多くの生徒からの応募があったのですが,中学1年生の選抜生徒20名が本プロジェクトに参加しました。

## ホテルでの事前研修

　「教育プログラム」というご提案だったこともあり,実際の観光案内の前には,数回にわたる事前研修を実施することになりました。実際にホテルに伺い,周辺の観光資源や観光地案内に役立つ英語表現などについて教えていただきました。

　それだけでなく,ホテルの職場体験もさせていただき,生徒は実物を見たり使ったりしながら,ホテルでの仕事内容も学ぶことができました。生徒からの感想では,「相手のことを考え,相手に尽くすことの大切さを学んだ」「私自身の感覚では考えもしないようなところにまで気を遣っていることを

知ることができた」など，校内の学びだけでは得られない気づきについて記している生徒が多かったです。

---

## 皇居周辺の案内

観光案内の本番は，春季休業中に設定されました。まだ寒さの残る３月下旬，桜が少し咲き始めた皇居に赴き，建造物やそれにまつわる歴史などについて，生徒は英語で説明しました。中学１年生の英語学習が終わった

ばかりの時期でしたが，事前研修を通して何度も練習してきた英語を使って，ジェスチャーなども交えながら案内している姿が非常に印象的でした（実際には，教育プログラムにご協力いただける宿泊者が当日いらっしゃらなかったので，ホテルで働く外国人スタッフとそのご家族に対して観光案内をさせていただきました）。

---

## 「人のために」英語を活用する機会を

学校での学びは決して自分の成長のためだけではなく，社会生活をともに送る他者のためにもなることです。しかし，学びが校内だけに留まってしまうと，「誰かのために学ぶ」という感覚を持ちにくいのが実際かと思います。本実践のように，学びを校外に繋げる機会を設けることで，「自分の学びが誰かのためにもなる」ということに気づくきっかけを与えることができるでしょう。

# 04

# 【プロジェクト型】
# 海外の学校とのオンライン交流

　2020年頃から世界的に流行した新型コロナウイルス感染症の影響で，それ以降の数年間は海外に住む人との対面での交流が難しくなりました。その一方で，この時期に急速に発達したのがオンラインミーティングのシステムです。これまではお互いの国を行き来しなければ難しかった国際交流が，オンラインミーティングの発展により非常にやりやすくなりました。

　本実践は，アゼルバイジャン大使館からのご提案で実現したオンライン交流会です。アゼルバイジャンの小学校とインターネットで繋ぎ，リアルタイムでの交流会を実現しようとお話をいただき，中学1年生から3年生にわたる，多くの生徒が参加を希望してくれました。

## プレゼンテーションの準備

　オンラインでの交流会という特性を鑑みて，今回はお互いの国の文化を紹介するプレゼンテーションを中心に企画することになりました。トピックは，

① National holiday,

② National cuisine,

③ National sports

の3つです。それぞれ10分の発表時間で、「アゼルバイジャンの小学生に、日本のことを楽しみながら知ってもらえるプレゼンテーションをする」ことを目標に、生徒は準備を始めました。

　発表準備に教員が介入することはほとんどなく、先輩が後輩をリードして準備する様子がよく見られました。タブレット端末を用いてクラウド上でスライドを共同編集したり、一方的に話し続けないように発表をクイズ形式にしたりと、準備の段階からワクワクするような雰囲気に包まれていました。

## オンラインでの交流

　生徒は春休み中にも準備を重ね、3月下旬にオンライン交流会を開催しました。時差を踏まえて実施時間を調整するなどといった経験も、生徒にとっては良い学びだったようです。画面越しの相手に喜んでもらおうとアゼルバイジャン語で挨拶できるように練習して、交流会が始まりました。

オンライン交流会の様子

生徒は右図のようなスライ
ドを用いて，オンラインプレ
ゼンテーションに取り組みま
した。National holiday を担
当した生徒が「お盆」につい
て話すことになった際，「あ，
これ教科書で学んだことほと

んどそのまま使えるじゃん！」と言って驚いていました。教科書に掲載され
ている，ハロウィンとお盆を比較する文章を生徒は覚えていたのです。授業
での学びが実際の英語使用に直結するという貴重な場面を目の当たりにしま
した。

## これからの時代の国際交流のカタチ

数年前までは，国際交流がこのようにオンラインで実現するとは思っても
いませんでした。しかし今回の実践を通して，これからの時代の国際交流の
1つの「カタチ」を見たような気がしました。対面で直接言葉を交わす機会
が貴重であることは今後も変わりありません。しかし，日本と世界が繋がる
方法がオンラインであること
は，今後より一層増えていく
でしょう。これからの時代を
生きていく生徒にとっては，
こうした機会は非常に有益で
あるに違いありません。

お互いの国旗を振る生徒

## おわりに

　明治図書の編集者である新井様に本書の執筆についてご提案をいただいたのは，2023年の春のことでした。誕生日を数日後に控えていた私は，「これは新手のサプライズか何かだろうか？」と初めは半信半疑でした（新井さんごめんなさい）。しかし新井様が，「英語授業と実社会を繋いで，生徒が卒業後も英語を学びたい・使いたいと思える授業を提案できるような書籍をつくりたい」とお考えになって私にお声がけくださったと知り，これは私のmission（使命）だと思い執筆を決意しました。私も同じ思いを抱いてこれまで教壇に立ってきたので，強い共感と使命感をもって執筆に取り掛からせていただきました。刊行に至るまで，新井様には大変お世話になりました。ここに記して御礼申し上げます。

　本書を書き始める際，自分の心に誓ったことがあります。それは「本書を完成させることで，これまでお世話になった方々に感謝の気持ちを伝える」というものです。今の筆者がいるのは，これまでに筆者を育て鍛えてくださった数多くの先輩方や同僚，仲間の存在があるからです。この場をお借りして感謝の気持ちを伝えさせてください。いただいたご恩を読者の皆様に pay it forward する思いで本書を書かせていただきました。この本が，これからの日本の英語教育の発展に寄与し，先生方の教室での実践に役立つことができれば，筆者としてこれ以上の喜びはありません。

　最後に，これまで温かく応援してくれた家族に心から感謝します。特に，良きパートナーであるだけでなく同業者でもある妻は，執筆期間に辛抱強くサポートしてくれただけでなく，客観的な視点から鋭い切り口でいつも私を叱咤激励してくれました。今後とも，家事などの「家庭内タスク」について，引き続きご指導よろしくお願いいたします。

2024年5月

高杉　達也

## 引用・参考文献一覧

Anderson, L. W., Krathwohl, D. R., Airasian, P. W., Cruikshank, K. A., Mayer, R. E., Pintrich, P. R., Raths, J., & Wittrock, M. C. (Eds.), *A taxonomy for learning, teaching,and assessing: A revision of Bloom's taxonomy of educational objectives* (Longman, 2001)

Canale, M., & Swain, M. Theoretical bases of communicative approaches to second language teaching and testing. *Applied linguistics*, 1（1）, （1980）

Ellis, R. *Task-based language learning and teaching* (Oxford university press, 2003)

Ellis, R., & Shintani, N. *Exploring language pedagogy through second language acquisition research* (Routledge, 2014)

Long, M. H. Focus on Form: A design feature in language teaching methodology. In K. de Bot, R. B. Ginsberg & C. Kramsch (Eds.), *Foreign language research in cross-cultural perspective* (pp.39-52) （John Benjamins, 1991）

Long, M. H. The role of the linguistic environment in second language acquisition. In W. C. Ritchie & T. K. Bhatia (Eds.), *Handbook of second language acquisition* （1996）

Long, M. H. *Second language acquisition and task-based language teaching* （Wiley-Blackwell, 2014）

Mercer, S., & Dörnyei, Z. *Engaging language learners in contemporary classrooms* (Cambridge University Press, 2020) （鈴木章能 & 和田玲（訳）『外国語学習者エンゲージメント—主体的学びを引き出す英語授業』（アルク, 2022））

Suzuki, Y. (Ed.) *Practice and automatization in second language research: Perspectives from skill acquisition theory and cognitive psychology* （Taylor & Francis, 2023）

Wiggins, G., & McTighe, J. *Understanding by design* (ASCD, 1998)

Willis, J. *A Framework for Task-based Learning* (Longman, 1996)


愛知県総合教育センター「TBLT 導入による英語授業の改善—タスク活動を通したコミュニケーション能力の育成—」『愛知県総合教育センター研究紀要　第98集』(愛知県総合教育センター, 2009)

和泉伸一『フォーカス・オン・フォームと CLIL の英語授業』(アルク, 2016)

伊東哲「指導と評価の一体化について」『東京学芸大学教育コンテンツアーカイブ』(東京学芸大学現職教員研修推進本部, 2021)

卯城祐司「自分のことばで語る再話（retelling）」『英語教育 2023年 2 月号』(大修館書店, 2023)

浦野研「PPP について」『うらの研究室＠北海学園大学』(https://www.urano-ken.com/research/on-ppp/, 2014)

浦野研「『使える』文法知識を探る」鈴木渉・佐久間康之・寺澤孝文（編）『外国語学習での暗示的・明示的知識の役割とは何か』(大修館書店, 2021)

小串雅則『英語検定教科書制度，教材，そして活用』(三省堂, 2011)

加藤由崇・松村昌紀・Paul Wicking（編著）『コミュニケーション・タスクのアイデアとマテリアル　教室と世界をつなぐ英語授業のために』(三修社, 2020)

加藤由崇「英語の授業における教育タスク—「タスク教材集」の開発背景と活用方法—」『KELES ジャーナル vol.7』(関西英語教育学会, 2022)

川村一代「小学校外国語活動の考え方と工夫」松村昌紀（編）『タスク・ベースの英語指導 TBLT の理解と実践』(大修館書店, 2017)

関西大学 教育推進部 教育開発支援センター『ルーブリックの使い方ガイド（教員用）』(関西大学, 2016)

関西大学初等部『思考ツールを使う授業 関大初等部式 思考力育成法＜教科活用編＞』(さくら社, 2014)

菅正隆「やってはいけない外国語の授業あれこれ［第 3 回］所詮教科書，されど教科書教科書をどのように使うか！」『ぎょうせい教育ライブラリ』(https://shop.gyosei.jp/library/archives/cat01/0000009877, 2020)

木村裕一『きむら式　童話のつくり方』(講談社, 2004)

国立教育政策研究所『「指導と評価の一体化」のための学習評価に関する参考資料 中学校外国語』(国立教育政策研

究所，2020）

国立教育政策研究所『「指導と評価の一体化」のための学習評価に関する参考資料 高等学校外国語』（国立教育政策研究所，2021）

佐藤臨太郎・笠原究（編著）『効果的英語授業の設計 ―理解・練習・繰り返しを重視して―』（開拓社，2022）

白井俊『OECD Education2030プロジェクトが描く教育の未来 エージェンシー，資質・能力とカリキュラム』（ミネルヴァ書房，2020）

独立行政法人大学入試センター『令和4年度大学入学者選抜に係る大学入学共通テスト実施要項』(https://www.sakura.dnc.ac.jp/archivesite/wp-content/uploads/2023/02/DNC_Jisshiyoko_2022.pdf，2021)

髙島英幸（編著）『文法項目別 英語のタスク活動とタスク ―34の実践と評価』（大修館書店，2005）

髙島英幸（編著）『タスク・プロジェクト型の英語授業』（大修館書店，2020）

竹林滋・東信行・赤須薫（編）『ライトハウス英和辞典 第6版』（研究社，2012）

田村学『学習評価』（東洋館出版社，2021）

田村学・黒上晴夫『考えるってこういうことか！「思考ツール」の授業』（小学館，2013）

田村祐「タスク・ベースの言語指導をめぐる疑問と解決への道」松村昌紀（編）『タスク・ベースの英語指導 TBLTの理解と実践』（大修館書店，2017）

ダン・ロススタイン, et al.『たった一つを変えるだけ クラスも教師も自立する「質問づくり」』（新評論，2015）

中央教育審議会『幼稚園，小学校，中学校，高等学校及び特別支援学校の学習指導要領等の改善及び必要な方策等について（答申）』（文部科学省，2016）

中央教育審議会『「令和の日本型学校教育」の構築を目指して～全ての子供たちの可能性を引き出す，個別最適な学びと，協働的な学びの実現～（答申）』（文部科学省，2021）

中嶋洋一『バックワード・デザインによる「指導案改善」研修のすすめ―本気で，今の授業を変えたい人へ―』（NPO法人教育情報プロジェクト，2011）

中嶋洋一（編著）『英語教師の授業デザイン力を高める3つの力―読解力・要約力・編集力―』（大修館書店，2023）

服部晃範『小学校英語 はじめてのICT&1人1台端末活用アイデア すぐに取り組める48事例』（明治図書，2022）

松村昌紀『タスクを活用した英語授業のデザイン』（大修館書店，2012）

松村昌紀（編）『タスク・ベースの英語指導 TBLTの理解と実践』（大修館書店，2017）

文部科学省『小学校外国語活動・外国語研修ガイドブック』（文部科学省，2017）

文部科学省『中学校学習指導要領（平成29年3月告示）』（2018a）

文部科学省『中学校学習指導要領（平成29年3月告示）解説 外国語編』（2018b）

文部科学省『高等学校学習指導要領（平成30年3月告示）』（2019a）

文部科学省『高等学校学習指導要領（平成30年3月告示）解説 外国語編 英語編』（2019b）

文部科学省初等中等教育局『各中・高等学校の外国語教育における「CAN-DOリスト」の形での学習到達目標設定のための手引き』（文部科学省，2013）

横山吉樹・大塚謙二『英語教師のためのフォーカス・オン・フォーム入門 成功するタスク＆帯活動アイデア』（明治図書，2013）

【著者紹介】
高杉　達也（たかすぎ　たつや）
筑波大学附属中学校教諭。埼玉県生まれ。大学卒業後，東京都立中野工業高等学校，千代田区立九段中等教育学校，東京都立小石川中等教育学校を経て現職。東京都に奉職時は，教育研究員，東京教師道場リーダー，教育委員会主催研修の講師などを歴任。東京都中学校英語教育研究会研究部副部長，ELEC同友会英語教育学会理事，同評価研究部会副部長。文部科学省英語教育推進リーダー（LEEP）。
専門は英語教育学，第二言語語彙習得。英語教育におけるICTの活用についても研究。2013年と2020年の全国英語教育研究大会（全英連東京大会）の分科会で共同発表（2020年はコロナ禍のためオンラインでの発表）。月刊誌『英語教育』（大修館書店）などの専門雑誌にも多数寄稿。

思考力・判断力・表現力を育てる
中学校・高等学校
「タスク×言語活動」英語授業デザイン

2024年7月初版第1刷刊 ©著　者　高　杉　達　也
2024年11月初版第2刷刊
発行者　藤　原　光　政
発行所　明治図書出版株式会社
http://www.meijitosho.co.jp
（企画）新井皓士　（校正）井村佳歩
〒114-0023　東京都北区滝野川7-46-1
振替00160-5-151318　電話03(5907)6701
ご注文窓口　電話03(5907)6668

＊検印省略　　　　　　組版所　日本ハイコム株式会社

Printed in Japan　　　　　ISBN978-4-18-375720-3
もれなくクーポンがもらえる！読者アンケートはこちらから